アウグスティヌスと
東方教父

キリスト教思想の源流に学ぶ

谷　隆一郎

九州大学出版会

はしがき

現代は言うまでもなく、人間と自然、そして生命などをめぐって多くの困難な問題が山積している時代である。しかしそうであればこそ、われわれは改めて問題の歴史的かつ本質的な根源に遡って、「人間とはそもそも何か」、また「自然ないし自然・本性とは何か」といったことについて、自らのうちで根本から問い直してゆくことが必要であろう。

そのことを問い進めてゆこうとするとき、一つの指標となり範となるのは、古の先哲、師父たちの言葉である。その代表例の一つ、数世紀にわたる教父（教会の師父）の伝統は、西洋全体の、そしてキリスト教思想の源泉であり、広く人類の遺産とも言うべきものであった。が、それは、単に過ぎ去ったものではなく、また、キリスト教についての一般的な通念のうちでのみ評価されるべきものでもない。むしろそれは、時代、民族、風土といったさまざまな異なりを超えて、われわれ自身の魂の根底に語りかけてくる力を有しているのである。

実際、われわれが「神」、「宗教」、「信仰」といった言葉に対するありきたりの捉え方や先入見を後にして、虚心に教父たちの言葉に耳傾けるならば、そこには、真に自己を凝視し無限なるものに己れを差し出しつつ、まさに人間として生きた透徹した姿を認めることができよう。つまり、彼らは確かにキリスト教の伝統のうちにあったのだが、その生の内実は恐らく、人間としての普遍的な可能性を能う限り担いかつ開花させていったということに存する。そして「神」や「キリスト」という存在にしても、単に外なる客体としてはじめから前提されていたというよりは、むしろ彼らの透徹した生を真に成り立たせている根源的働きによって——その経験のただ中から——原初的に指し示されてくると考えられよう。

さて本書は、アウグスティヌスと東方・ギリシア教父という、「キリスト教思想の源流」を形成している人々の文脈に即して、およそ人間、自然（本性）、神などに関わる主要な問題を、できるだけ簡潔に吟味し探究したものである。そこでは教父たちの言葉を数多く引用し、解釈を示しつつ原典をして語らしめるという姿勢で叙述を進めた。もとより、取り上げた諸々の主題はいずれも奥行きの深いものであって、誰にとっても決してやさしくはない。しかし、古典の言葉を心披いて受容し味読することによって、われわれもまた、先人が徹底して探究しかつ体現した境位に何ほどか参与してゆくことができよう。

ともあれ、このささやかな書が、専門を多少同じうする人々にとってだけでなく、学生や一般の人々にとっても、古の師父たちが身をもって指し示す「人間本性の開花・成就してゆく道行き」の、一つの解釈例とも道しるべともなれば幸いである。

二〇一一年初春

著　者

目次

しるしの聖母、ヤロスラーヴリ、13 世紀

序章　教父の伝統の指し示すところ——無限なるものへの眼差し——

「神を受容しうるもの」としての人間

人間とは何か、そして何でありうるのか。これは余りにも素朴な、しかし極めて奥行きの深い問いである。洋の東西を問わず多くの先人が、「人間とはそもそも何か」ということをめぐって探究し、それぞれの仕方で身に体現してきた。その問題は究め尽くすことのできないものであり、さらに言えば、人間・自己そのものが恐らくは謎であり神秘なのである。

ところで旧・新約聖書の伝統にあって、人間は「神の似像（ないし似姿）」に即して創られたという（創世一・二六）。それはむろん、聖書の人間観の中心に関わる表現であった。そしてそれは、「神を受容し宿しうるもの」という人間把握ともなる。もとより、現実のわれわれがすでに「神の似像」として完成しているのではないが、すべての人はそれに向かって開かれ、定位されているのだ。この意味でわれわれは、「神の似像に成りうるもの」、「神を受容し宿しうるもの」という大きな可能性を担っていることになろう。

ちなみに、神（ヤハウェ）は「わたしは在る、在らんとする」という不思議な名で自らを啓示した（出エジプト三・一四）。そのことから神は後に、「存在の名」、「自存する存在そのもの」などとして語られるのだ。それゆえ、「神を受容しうるもの」という人間把握は、すべてのもの、すべてのことが一見はかなく過ぎゆくこの可変的世界にあって、「存在（＝神の名）を受容し、存在に関与しうる」という、人間にとっての最上の希望を告げ知らせているのである。

呼びかけと応答

言うまでもなく人間は、自己自身を問うことのできる何者かである。つまり人間は、己れの「存在すること」の、そして「善く生きること」の意味と根拠とを問う。そのように問わずにはおれない何らかの力がわれわれのうちに働き、われわれ自身を根源的な問いへと促している。ただ日常的生活においては、さまざまなわざや思い煩いなどに気持ちが分散し、真に問うべき問いが隠されてしまうことが多いかもしれない。しかし、われわれがそうした外なるわざへの執着からできるだけ離れ、己れ自身を虚心に見つめるとき、そこには根源の問いが改めて現われ出てくるであろう。

言い換えれば、われわれはいわば自らの根拠から――それを神、真理、存在、自然など、いかなる名で呼ぼうとも――、魂の根底において促され、呼びかけられている。そうした根拠からの呼びかけに対して、われわれはそれぞれの仕方で、そして自由に応答しているのだ。この意味で、われわれの自由な意志と行為とは、自らの存立根拠に対する応答のかたちだと考えられよう。ともあれ、ここにあらかじめ注意しておくべきは次のことである。

神とはヘブライ・キリスト教の伝統にあって、その「何なのか」という実体・本質（ウーシア）としては、どこまでも「知られえぬもの」、「無限なるもの」であった。しかし他方、神はその働き・活動（エネルゲイア）によって万物を貫き、とくに人間の自由な応答を促しているのだ。こうした「ウーシアとエネルゲイアの峻別」という観点は、本書において扱う教父の伝統、とりわけ東方・ギリシア教父の伝統において際立った特徴となっている。

とすれば、その名に値する「神」（ヤハウェ、テオス）とは、決して単に外なる客体として知られ前提されるものではなくて、むしろわれわれの「うちよりもうちなるもの」と言うべきであろう。つまり神とは、万物を無限に超越しつつも、われわれの内奥に働いて根源の問いへと駆り立てる何ものかなのである。

このことは、「神」、「宗教」、「信仰」そして「イエス・キリスト」といった言葉の通俗的な把握に対して（さらにはまた、大方の実証学的な把握に対して）、根本的な反省を迫るものとなろう。端的に言っておくとすれば、使徒や教父たちなどにあって、神やキリストという言葉すら、彼らの「まさに人間としての生」を内側から根拠づけている何ものかを呼ぶ名なのであって、自らの外に安易に対象化されるものの名ではなかった[1]。

安心して確保されるような主体・自己などというものは、実はどこにもない。かえって、己れの「在ること」がいわば限りなく無に晒されながら、しかも新たに「善きかたち」に甦らしめられるようなとき、そうした経験の根底に超越的働きの現存していることが見出されよう。「神」、「ロゴス・キリスト」などの言葉は、そうした超越的かつ神的働きの「主体・源泉」を指し示しているのだ。使徒や歴代の教父・修道者をはじめ、有名無名の幾多の人々は、まさにそのことを身をもって証示しているのである。

教父の伝統とその歴史的意味

本書は表題の通り、アウグスティヌスと東方・ギリシア教父との文脈に即して、およそ人間と神についての主要な問題を吟味し探究しようとするものである。

ここに教父とは、旧・新約聖書の伝統を傑出したかたちで体現し、学的にも深く究めていった人々であった。彼らにおいては学と修道とが渾然と一体化しており、その著作は後世の容易に凌駕しがたい古典となっている。そしてそこには、時代、民族、風土などの異なりを超えて、われわれの範とすべき洞察がゆたかに語り出されている。

ちなみに、二世紀はじめから八世紀半ばに及ぶ東方西方の教父の伝統は、たとえば東洋における大乗仏典成立の歴史に比せられよう。あるいは日本で言うなら、空海、道元といった人々に当たるであろう。実際、彼らと教父たちとの間には、人間としての道の探究と実践という点では、内的に深く呼応するものが認められるのである。

そこで、教父の伝統とその歴史的位置づけに関して、必要なことのみ簡単に見定めておこう。まず、「教父（教会の師父）」（pater ecclēsiae）という名は、次の四つの条件を満たす人々に与えられた称号であった。

（i）「キリスト教古代」（八世紀まで）に属する。

（ii）学問として「正しい教え」を示す著作を残している。

（iii）「生活の聖性」を保持し体現している。

（iv）教会（エクレシア）の公式文書にその名が公にされている。

もちろん彼らの背後には、右のような四条件の全部を満たさないまでも、広義の修道の生と学とにおいて神を証ししている無数の人々が存する。(2) すべて彼らは、それぞれの仕方で、かつ全体として相俟って、神的な働きないし摂理を顕現させているのである。

教父の伝統とは、その特徴を一言で言うとすれば、ヘブライ・キリスト教の礎の上に古代ギリシア的な諸伝統を摂取しつつ、ある種の拮抗のもとにそれを超克していったものであった。従ってそこには、古代ギリシア的伝統の「受容、拮抗、そして超克」という、歴史上「未曾有の思想的ドラマ」が存した。そして、そこでの緊張と格闘が険しく、また根源的なものであったからこそ、そこに形成された思想的遺産は、後世が絶えずそれに立ち帰っては糧を得てゆくべき「人類の古典」となりえている。

言うまでもなく西洋の二本の柱は、ヘブライ・キリスト教と古代ギリシア哲学であるが、教父の伝統においては両者が拮抗とともに何らか統合され、キリスト教哲学・神学の一つの範型が形成された。ただし、先にも触れたように、教父たちの言葉と生に学ぼうとする際、われわれは「神」、「宗教」、「信仰」そして「キリスト」といった言葉についてのありきたりの了解や先入見を捨てて、虚心に彼らの言葉に耳を傾けてゆく必要があろう。

確かに彼らは、キリスト教の伝統のうちにあり、キリスト者として生きた。が、彼らの言葉は、われわれをいわば「知と不知との間」に立たせる。実際、「イエス・キリストとはいかなる存在なのか」を真に問うことは、「人間とはそもそも何か、何でありうるのか」を問うことでもあろう。そして、自己の「在ること」、「その成りゆくべきかたち」の意味と根拠とを問うことは、「神を問うこと」にほかならない。真実の自己探究は、同時にまた、神探究となるのである。

以下、本書の第一部においてはアウグスティヌスに即して、また第二部においては主としてニュッサのグレゴリオスと証聖者マクシモス（それぞれ東方教父の中期と後期との代表者）に即して、哲学・思想上の主要な問題をできるだけ簡潔に吟味してゆくことにしたい。

歴史的には、東方・ギリシア教父の伝統の方が西方・ラテン教父の伝統よりも先に成立したのだが、本書では論述の一つの趣向として、アウグスティヌスを先に扱う。両者はむろん根源を同じうしており、内的に呼応し照らし合っている。が、それぞれを独立に論じることによって、共通の問題がそれぞれに特徴ある仕方で探究されている姿を見定めてゆくことができよう。そして、それはむろん、現代に生きるわれわれにとって、「善く生きるとは何か」、「自己と他者との真の交わり（愛）とは何か」といったことの根幹に関わるものとなるであろう。

第一部　アウグスティヌス

書斎のアウグスティヌス、ボッティチェッリ、
フィレンツェ、15 世紀

第一章　出会いと驚き——探究の基本のかたち——

アウグスティヌス（Augustinus 三五四—四三〇）は、西方・ラテン教父の伝統にあって最大の人であり、後世に対する多大の影響ゆえに「西欧の父」と称えられる。実際アウグスティヌスは、西欧中世（九世紀から十四世紀）において神学・哲学の主たる権威であり続けただけでなく、近代以降のさまざまな思想動向に対しても小さからぬ影響を与えている。

神（Deus）と魂（anima）を知りたい。（『ソリロクィア（独白録）』第二章）

これは、若き日のアウグスティヌスの言葉である。『告白』に如実に記されているように、三十二歳の頃、アウグスティヌスは劇的な回心を遂げた。その年に書いた『ソリロクィア』という書物のはじめの部分で、アウグスティヌスは自らの目指すところを右のように語っている。そこには、「人間・自己の成立」の意味と根拠とをどこまでも問い披いてゆこうとする姿勢が存する。アウグスティヌスは終生にわたって、何よりもまず「探究の人」であった。

アウグスティヌスが生きた時代は、北方のゲルマン民族が大移動し、西ローマ帝国が滅亡へと向かう激動の時代であった。それは地中海世界の人々にとっては、まさに世の終末とも感じられるものであったであろう。そうした歴史的状況にあってアウグスティヌスは、なおも永遠なるものに眼差しを注ぎ、人間が神（＝存在）に真に与りゆく道を祈り求めていった。すなわちそれは、自らの成立根拠たる神（それ自体としては知られざるもの、無限なるもの）の呼びかけに聴従しつつ、およそ「人間の成りゆくべきかたち」をどこまでも問い披く道であったのである。

アウグスティヌスの生涯と著作

アウグスティヌスは北アフリカのタガステにて、異教徒パトリキウスと篤信のキリスト教徒モニカとの子として生まれた。若い頃、キケロの『ホルテンシウス』（散佚した著作）によって「愛智の道（＝哲学）」に目覚めたが、聖書の素朴な文体には飽き足らず、九年間、マニ教（ペルシャ起源で、光と闇との善悪二元論的密儀宗教）の聴聞者に留まる。だが、霊と肉との統合された生を渇望するアウグスティヌスに対して、マニ教の司教ファウストゥスですら分裂した応答しか為しえないと知り、マニ教に失望してローマに渡る。その間、アカデミア派の懐疑論に傾いたが、三八一年ミラノの修辞学校の教師となる。

しかし、当地の司教アンブロシウスに出会って霊的聖書解釈（東方教父におけるアレゴリー的解釈）の伝統に接した。また他方、プロティノスの新プラトン主義に触発され、うちなる根拠への還帰・超越に促された。そしてついに三八六年、劇的な回心を経験し、母モニカや友人たちとともに修道生活に入った。

その後アウグスティヌスは、三九一年にヒッポ（カルタゴに近い町）の司祭、三九六年には司教となり、終生にわたって西方・ラテン教会の理論的指導者として活躍した。その間、司教としての激職の中、『告白』、『三位一体論』、『ヨハネ伝講解』、そして『神の国』など、神学、哲学、聖書解釈の幾多の古典的著作を記し、後の西欧の思想と歴史との支柱とも源泉ともなる。そして最後は、ヴァンダル族がヒッポの町の城壁を取り囲み、西ローマ帝国がまさに滅びゆくさまを見つめつつ、しかも永遠なる「神の国」を、つまり「万物が復活して集う霊的全一的交わりの姿」を望見して世を去ったのである。[1]

一　自己自身が謎となること

アウグスティヌスは青年時代、親しい友人を熱病で失ったが、そのときの引き裂かれた心を後に回想して、こう言っている。

自己の謎の前に

> 自己自身がわたしにとって、大きな謎・問題（quaestio）となってしまった。（『告白』四巻四章九節）

友の死に際して、アウグスティヌスは悲痛な気持に捉われ、「神に希望せよ」というちなる声に聞き従うことができなかったという。なぜならその当時は、「希望するように命ぜられた幻影（神の像）よりも、友の方が真実で善いものだったからである。」そして、「ただ泣くことだけが甘美で、友に代わる喜びとなった」と語られている（同、四巻一四章二二節）。

これは、ある意味では卑近な経験である。が、アウグスティヌスは、ふつうわれわれが見過ごしてしまうような「魂の内奥の動き、傾き」を凝視している。すなわち、悲しみの情念に縛られる余り、真に魂の癒される方向に披かれることのなかった姿が、厳しく暴き出されるのだ。つまり、そこでの神の像とは、魂の恣意的欲求に曇らされたものであって、魂・人間を根底から支えかつ導くものとはなりえなかったのである。

「自己自身が謎となる」という際、その具体的な動機は、人によってさまざまであろう。注意すべきは、「自己自身が謎となり、自己への問いに促されること」自体、さまざまな情念や欲求に埋没した姿が、何らか切開される兆だということである。というのも、自らの欲求に捉われて、しかもその状態に開き直っているときには、自分が謎になることも殊更に不安になることもないからである。しかるに、そうした姿が何らかの契機によって（多くの場合、悲しみや受苦を通して）揺がされ、自らの存在の意味が根底から問い直されるとき、自己自身が何かしら謎の前に立たされよう。そして、底のない不安や苦しみがおのずと伴ってくるであろう。が、そこにあってわれわれは、世の有限なものに単に安住することはできず、いわば無限なるものに晒されるのである。

このように見るとき、不安や苦しみといったものは、はなはだ両義的な意味合いを有している。そこで、探究の方向をやや先取りして言っておくとすれば、われわれの生の道行きにおいて肝要なのは、不安や苦しみをいたずらに回避することではなくて、むしろ「正しく不安になること[2]」、「より善く苦しみを担うこと」だと考えられよう。

愛の分裂

ところでアウグスティヌスは、かつて演劇に熱中したり、他方では放縦に陥ったりしながら、心に悩みを抱えていた。（演劇やサーカスは、当時のローマ社会にあって最大の娯楽であった。）そうした自分の嘆かわしい姿を振返って、アウグスティヌスは次のような叫びを発している。

同一の魂のうちにありながら、さまざまに異なる重さの愛（amor）が分裂するのはなぜなのか。……まことに人間そのものが大きな深淵である。（『告白』四巻一四章二二節）

これは愛の分裂の姿であるが、そうした状態においてアウグスティヌスは、「愛することを愛しながら、何を愛したらよいか探し回り、安全で罠のない〔神への〕道を嫌っていた」という。なぜならそのとき、「うちなる食物である神」に飢えず、それゆえ「不滅の糧」を得ようとしなかったからである。

アウグスティヌスによれば、愛というものは一つの重さ（傾き）であって、それぞれの方向に魂を引っ張ってゆく。この意味で、「わたしの重さはわたしの愛である」と言われるのだ。[3] しかしそれが、転倒した意志（神に背反する意志）にもとづくものであるとき、そこに悪が生じ、人はいわば非存在に晒されることになろう。このことはむろん、人間・自己の真の成立を問いゆくとき、極めて重要な論点となる。が、それについては後の探究に委ね、ここではさしあたり次のことだけを確認しておく。

自らが愛の分裂に陥り、何らかの深淵を抱えている姿は、どこから「それ」として自覚されてくるのか。改めてこう問うとき、そうした自覚ないし自己知には、不思議な事態が潜んでいることに気づかされよう。すなわち、そこには「自分は弱い者だ」との自覚が伴うが、それ自身、自らが造り出したものとは言えない。とすれば、その自覚へと自らを引き渡した力が、いわば自己のうちに自己を超えて働いていることになろう。実際アウグスティヌスは、弱さの自覚それ自身も神の憐れみと恵みによるものと看做している。そして、さらにこう言われる。

恵み・恩恵（gratia）によって自己の弱さを自覚した人はすべて、その恵みによって強くなる。（『告白』一〇巻三章四節）

これは素朴な表現であるが、恐らく人間的生の真実を言い当てていると思われる。そこで次に、ここに垣間見られた神的働きないし恵みとの、より積極的な出会いの場面について考察することにしよう。

二　愛の発動――愛智の道行き――

主よ、わたしは疑いをもってではなく、確かな知（良心）をもってあなたを愛する。あなたはわたしの心

(cor) をあなたの言葉をもって貫いたので、わたしはあなたを愛してしまった。(『告白』一〇巻六章八節)

アウグスティヌスはこのように述べて、神への愛の発動を語り出している。ここには、神的働きに貫かれて脱自的な愛へと促された出会いと驚きが漲っている。そしてこれは、回心（神への還帰）の内的な機微を示す言葉でもあった。文中、「知（良心）」(conscientia) とは、自己の全体が無限なるもの（神）へと開かれた姿そのものを意味しよう。（良心が無底なものとされるゆえんである。）

右の引用文は、単に特殊な個人的経験の表明である以上に、およそ「愛智の道行き」（＝哲学）(philosophia) の基本構造をあらわにしている。すなわちその一文から、次のことを読み取ることができよう。

（i）「確かな知（良心）をもって神を愛する」とあるように、そこには確かさ（確実性）が存する。それは、懐疑が根本から突き崩された姿である。

（ii）神の言葉（愛の矢とも言われる）が人の心を貫いたことが原因となって、人間が神を愛してしまった。それは、己れを超えゆく脱自的愛の発動である。

（iii）それゆえ神とは、人間の脱自的愛を引き起こした原因であるとともに、その愛の志向する目的でもあろう。この「原因＝目的」なる存在は、その実体・本質としてはどこまでも知られざるものであるが、その働きによって万物を貫き、とくに人間の自由な応答を促しているのだ。この意味で「神」という言葉は、かかる愛の志向する超越的対象を遙かに指し示す名であって、単に客体として問題の局外に措定されたものを意味するのではない。[4]（この点に、およそ「神」や「宗教」などに対する偏見や先入見が根差しており、それは最後まで注意すべきことである。）

そこで、今一つ押えておくべきは、信・信仰というものの基本的な意味である。先の引用に即して言えば、神の言葉（ロゴス・キリスト）によって貫かれた「心ないし魂のかたち」こそが「信」だとしてよい。すなわち、神の働き（恵み、愛）を何らか受容し宿した姿が、信というものの原初的かたちであろう。

とすれば、その名に値する信・信仰とは、決して不確かなものでも恣意的なものでもない。ただ、信とはその成立自身に、ある種の緊張を抱えている。なぜなら、神的働きに貫かれたこと自体は確かな経験でありうるとしても、その神的働きを宿した信は、自らに完結しているものではなくて、無限なるもの（神）への愛として働き出すからである。この意味では、人間とは本来、絶えず己れ自身を超えゆく脱自的な動性（ダイナミズム）を担う何ものかだと言うべきであろう。

回心の階梯

それはさて措き、次にアウグスティヌスにおける回心（神への還帰）（conversio）の階梯を跡づけておく。

よく知られているように、アウグスティヌスは劇的な回心を遂げた人であった。ただそれは、一つの範型と目されるものであって、必ずしもわれわれの与り知れぬものと思ってはなるまい。むしろそれは、いかに小さな出会いや驚きのうちにも何ほどか見出されるものであろう。すなわち、人との出会いに心打たれるとき、あるいは自然や芸術作品などに感動するとき、そうした経験の根底には、何らか超越的な働きに触れ、それを受容した姿が存しよう。そしてそこから、無限なるもの（神、真理などの名で呼ばれるもの）への愛が、それぞれのかたちで現出してくるのだ。それはいわば、回心というもののある種の象りとも考えられる。

さて、先に取り上げたアウグスティヌスの言葉は、実は回心という出来事の最終的局面を示すものであった。アウグスティヌスはそこに至る内的な道筋を如実に語っているが、それを全体として見れば、次の三つの表現がそれぞれの段階を表わしている。

（ⅰ）あなたの使徒のうち最も小さい者と言われるパウロの書を読んだとき、これらのことは、はなはだ不思議な仕方ではらわたに染み込んでいった。そしてわたしは、あなたの御業について考えて恐れおののいた。（「これらのこと」とは文脈上、キリストの受肉と死という「謙遜の道」を示す。）（『告白』七巻二一章二七節）

（ⅱ）あなたの言葉はわたしの胸もとにへばりついていた。そしてわたしは、四方八方からあなたに包囲されていた。（同、八巻一章一節）

（ⅲ）主よ、わたしは疑いをもってではなく、確かな知（良心）をもってあなたを愛する。あなたはわたしの心をあなたの言葉をもって貫いたので、わたしはあなたを愛してしまった。（これは既述のごとく、回心の最終の表現である。）（同、一〇巻六章八節）

これらの文中、「はらわた」、「胸もと」、そして「心（心臓）」（cor）という三つの言葉が鮮やかに使い分けられている。つまり身体の部位が精神の回心の段階を象徴しており、「身体のトポロジー（場所論）」となっているのである。[5]

そうした三つの階梯は、いわば神の言葉（ロゴス）という軍勢が自我の砦に押し寄せてくる姿を示していると考えられよう。すなわち、神の言葉は、

（ⅰ）、まず砦の周辺が攻められるかのように、はらわたに染み込み、

（ⅱ）、次に砦の中に侵入するかのように、胸もとに達し、

（ⅲ）、そしてついには、砦の中心を陥れるかのように、心を貫く。それは、自我そのものが明け渡されることである。ちなみに、（ⅰ）と（ⅱ）では、「神の言葉」は複数で記され、（ⅲ）では単数が用いられている。それゆえ

(iii)での神の言葉(verbum)は、ロゴス・キリスト自身を意味すると考えられよう。

かくして、神の働きに対してある意味で器となった人間のうちに、神の働きが最もゆたかに注ぎ込まれよう。それは受動性の極みとも言うべき姿であるが、そこにおいてこそ、「神を愛してしまった」という最も能動的な愛が発動するのだ。そして右のような三つの階梯は、全体として相俟って、回心(神への帰向、還帰)という事態を成り立たせているのである。

すべての人が、そうした「第二の誕生」へと招かれている。ふつうの誕生はむろん所与のものであり、われわれの力を超えているが、第二の誕生、つまり人間の本来的かたちの成立には、自由・意志の働きが微妙に介在しているであろう。さしあたり注意しておくべきは、「人間・自己の成立」がある種の逆説を孕み、自らを明け渡すかのような否定を不可欠の契機としているということである。そしてそのことは、この移りゆく世界にあってわれわれが神的働きを受容し、かつ「存在」(=神)に関与してゆく可能性を指し示しているのである。

三　信・信仰という端緒

アウグスティヌスはもう一方の主著『三位一体論』の冒頭において、探究をはじめるに際して「信という端緒」がいかに大切であるかを強調している。そこでその文脈に即して、信・信仰(fides)の意味をやや別の角度から考察しておこう。アウグスティヌスは次のように言っている。

三位一体に関する以下の論述を読もうとする人は、何よりもまず、われわれの筆が、次のような人々、つまり信という端緒を軽蔑する余り、理性(ratio)への未成熟で転倒した愛着によって欺かれている人々の企みに

対して、それを監視するものであることを知るべきである。(『三位一体論』一巻一章一節)

ここに「理性への未成熟で転倒した愛着によって欺かれている人々」とあるが、彼らの陥る誤りとは次のようなものだという。

(i) 物体的事物について知られたことを、非物体的霊的なものに安易に転用してしまうこと。そのとき、前者によって後者が測られ、恣意的な見解がまかり通ることになる。(自然科学とそれを範とした捉え方、つまり要素に還元して、そこから全体を推し測る捉え方は、その限界を弁えないなら、同様の逸脱に陥るであろう。)

(ii) 人間精神の本性を規準として神についての像(知見)を作ろうとし、その歪んだ規則に固執すること。(これは、われわれが無限なもの、超越的なものから眼を背けて、有限性に閉じこもることであろう。)

(iii) 不可変な実体(神)に眼を向けようとするが、可死性の重みに押えつけられているために憶見に捉われ、真の知解の道を閉ざすこと。(これは、この世の有限な事物への欲望、執着によって精神の眼が曇らされていることであろう。)

このようにアウグスティヌスは、三種の誤り(三種の人々)を挙げている。それらはむろん、現代のわれわれも陥りやすい誤りであって、誰であれ、自分はそこから完全に免れているとは言えないであろう。

精神の浄めと信

続いてアウグスティヌスは、右のような誤りに陥らないための探究の指針をこう語る。

かの言表されざるもの(神)が、言表されざる仕方で見られるためには、われわれの精神の浄めが必要である。しかし、そうした〔全き〕浄めが未だ精神に備えられていないならば、われわれは信・信仰によって養われて、かの言表されざる神を捉えるにふさわしい者に成りゆくべく、より身近なものを通して導かれる。(『三位一体論』一巻一章三節)

これによれば、信ないし信仰とは、「心の清い人々は幸いである。その人たちは神を見る」(マタイ五・八)と言われるような究極の姿への端緒として捉えられている。ただしその際、忘れてはならないのは、最も基本的な次の表現である。

あなたはわたし(神、ヤハウェ)の顔を見ることはできない。人はわたしを見て、なお生きていることはできないからである。(出エジプト三三・二〇)

従って、神を見ることのできるような「精神の浄め」は、人間の究極の姿ではあろうが、この有限な世界に生きるわれわれにとっては、完全には成就されえない。この意味では、信というかたちにおいて「精神の浄め」が多少とも現出し、それが究極の浄めへと定位され、開かれていると考えられよう。それゆえ、パウロの次の言葉は、探究の最後の局面に至るまで、人生の道行きの一つの規範となるのである。

われわれは信を通して〔この世を〕歩んでいるのであって、〔神の〕直視(知)によるのではない。(二コリント五・七)

この言葉は、一見はかなく移りゆくかに見えるこの世界にあって、われわれが無限なるもの、永遠なるものに何ほどか与りうるための緊張した構造を示している。

かくして、本来の信・信仰とは、神について恣意的に抱え込んだ像でも、特殊な前提でもなくて、それらを突破して無限なるものの現存へと身を委ねた姿そのものであろう。そうした信は、「人間・自己の在ること」(人間本性)の可能性が真に開花してゆくことの端緒なのだ。そして、自らの信というかたちが、神的働きの何らか宿ったものである限りで、「自己探究」は、取りも直さず「神探究」となるのである。というのも、自己の仮初の基底が突破され、無限なる神への愛が発動したとき、そこにはまさに超越的な働きが現前しているからである。

人間と神との探究の基本線はこのように示されようが、それはむろん、問題の解決ではなくて、むしろ探究の場の開けである。それゆえ以下の章においては、右に述べたことのうちにすでに含まれているさまざまな問題位相を、改めて明るみにもたらし吟味してゆくことになるであろう。

第二章　確実性の問題――うちなる超越――

劇的な回心を経験した後、アウグスティヌスは修辞学校教師の職を辞し、ミラノ近郊カッシキアクムにて母モニカや友人たちとともに修道生活を営む。それは祈りと対話を旨としたもので、西欧の修道院の形態としては最初期のものであった[1]。

そのときアウグスティヌスがまず取り組んだのは、「真理（veritas）の探究はいかに可能なのか」、そして「その確かな基盤は何なのか」ということを、改めて手前に戻って考察することであった。それはまた、懐疑（dubitatio）というものの基底を暴き、それを超克してゆく道でもある。この意味で回心とは、真理や神に一挙に到達してしまうことではなくて、むしろ真の探究の出発点なのである。

もとより回心の経験は、前章で見定めたように、根本での確かさ（確実性）（certitudo）を含むものであった。しかしそれは、新たに反省にもたらされ探究されてゆかなければならなかったのである。実際、前期の主著『告白』が記されたのは、回心の後、十数年も経ったときであった。それゆえ、回心という事態を明確に言語化してゆくためには、それだけ長い間の祈りと思索の時を必要としたとも言えよう。そしてそれは、魂における根源的な経験が深められ、真に受肉してゆく（身に宿る）ための過程でもあったのである。

一　懐疑論批判

「感覚＝知識」説とその帰結

アウグスティヌスの生きた時代、新アカデミア派の懐疑論がかなりの勢力を有していた。そうした状況の中、回心という確かな経験を経たアウグスティヌスにとって、新アカデミア派の主張を論駁することは、まず取りかかるべきわざなのであった。ちなみに、古代ギリシアにおける「アカデメイア（アカデミア）」とは、周知のようにプラトンの開いた「愛智（＝哲学）の学園の名」である。しかし、元来はその流れを汲む新アカデミア派は、アウグスティヌスの頃、懐疑論に大きく傾いていたのである。その主張の要点は、次の二つにまとめられよう。

（ｉ）まず、感覚がわれわれにある種の知識を提供してくる。が、感覚やその表象像などは、つねにわれわれを欺く。

（ⅱ）従って、われわれにとって確かなこと（確実性）は実はどこにもないのであって、誰も真の知識に（そして真理に）達することはできない。そこにあっては、すべては疑わしいということになる（『アカデミア派駁論』二巻五章一一節など）。

右の（ｉ）（ⅱ）のような思想態度は、およそものごとの外的な「現われ（現象）」のみにこだわり、自らの「思われ（憶見）」に閉じこもった姿である。(2) だがそれは、いつの時代にもどこにおいても人の心に潜む危険な傾きであろう。なぜなら、各人が自分にとっての現われと思われに閉じこもるときには、そもそも共通の把握も、共通の意味を持つ言葉も原理的に成り立たなくなるからである。（しかしその際、「自己の在ること」をめぐる難問は、ある意味で局外に放置されている。そしてこのことには多くの場合、自然科学的唯物的な存在把握が結びついてくるであろう。つまり、あらゆる存在物を諸々の物的要素に還元し、それらにもとづいて存在物の成立を了解してゆくといった探究方向においては、主体・自己の根本的問題ははじめから消去されているのだ。）

ともあれ、「感覚＝知識」説と「知（真理）の到達不可能性の主張」とは、何らか通底している。すなわち、唯一の門戸たる感覚がわれわれを欺くものであって、確実な知が何一つとして得られないとすれば、すべては蓋然性に留まることになろう。そこで新アカデミア派の人々は、「蓋然性」ないし彼らの言う「似真性」（真理に似ているに過ぎないこと）に、いわば逃げ込む。その程度で満足するほかないというわけである。かくして彼らは、あらゆる事柄に対して「然り、真だ」とする同意を拒み、結局のところ無為な「判断停止」を決め込むのだ（『アカデミア派駁論』三巻一〇章二二節）。そしてさらに、そうしたことから生じる生活態度は、いつの時代にも見られるように、（ⅰ）、物的なニヒリズムとしての諦め、開き直りか、あるいは（ⅱ）、快楽主義の放埒な行いへの逃避か、という方向に傾きやすいのである。

懐疑論の論駁

こうした懐疑論を論駁してゆくに際して、アウグスティヌスは、はじめから異なる立場に立って外側から批判するのではなくて、新アカデミア派の主張の中に入り込んで、その主張の難点（矛盾）を暴いてゆく。その骨子は、ほぼ次の通りである。

新アカデミア派の人々は、誤謬を恐れる余り、蓋然性ないし似真性で満足しなければならないと言う。真理については何も語りえず、その探究可能性もないとするのだ（『アカデミア派駁論』二巻一二章二三節）。しかしアウグスティヌスによれば、真理を何らか知っていてこそ、「これは真理に似ている（似真性）」などと言えるはずである。とすれば彼らは、「真理について否定する」と言いつつ、実は「真理についての何らかの知を、ある種の規範として隠し持っている」ということになろう。だが彼らは、そうしたうちなる事態の探究を回避して、あいまいな似真性の主張に安住しているのだ。

あるいはまた、次のことが指摘される。「ある命題が真であるか、偽であるか」は（その命題の内容にかかわらず）、とにかくも「確か」である。が、このこと自体、「何ごとも真なるもの（確かなもの）として知られえない」という彼らの主張を、おのずと突き崩している。言い換えれば、すべてのことが確かでないのなら、自分の用いる言葉の意味すら確かではないことになろう。してみれば、およそ懐疑の運動なるものは、少なくとも何らか確実な一つのことに依拠してのみ、現に成立しうるのである。(3)

右の考察から窺い知られるように、真なるもの、真理は、真理の探究可能性を否定する人のうちにすら、不分明な仕方においてであれ、ある種の判断の規範として何らか宿っている。つまり、「真なるものなど知りえない、似真性で満足するほかない」などと語ること自体が、すでにして「真なるものの何らかの把握（知）」に依拠しているのだ。それゆえ、人はいかにしても、「真理の外に出ること」、また「真理を放棄してしまうこと」はできないであろう。してみればここに、真理は、何ごとかを知り語る精神のうちに、そうした営みをいわば構造的に支えるものとして現存していることが垣間見られてくる。

かくして、新アカデミア派を論駁してゆく営みは、「人間・自己に最も現前しつつ不可思議なもの」、つまり「魂ないし精神の名で呼ばれるもの」の探究へとわれわれを導く。それはむろん問題の解決ではなくて、むしろ真の探究の場の発見なのである。そこで次に、「うちへの還帰と超越」という重要な事柄について吟味することにしよう。

二　うちなる超越

外へ出てゆかず、あなた自身のうちに帰れ。真理はうちなる人間に住まっている。そして、もしあなたの自然・本性（natura）が可変的であることを見出すなら、あなた自身をも超えてゆくがよい。しかしその際、理性的魂を超えてゆくということを記憶せよ。それゆえ、理性の光そのものが、そこから点火される根源へと向かってゆけ。……そこに、それよりもより善いものがありえぬような適合性（convenientia）が存していることを見よ。そして、それ（真理）と適合し合致してゆくようにせよ。しかし同時に、あなたが真理そのものではないことを告白せよ。なぜならば、真理は自己自身を問い求めないが、あなたは問い求めることによって真理に達してゆくからである。もとより場所的拡がりによってではなく、精神（mens）の愛着によってそれに達するのだが。かくしてうちなる人間は、最低の肉的な快楽によってではなく、最高の霊的な快楽によって、自らのうちに住まっている真理に適合してゆくのである。（『真の宗教について』三九章七二節）

これは、初期の著作中の有名な一節であるが、そこには、アウグスティヌスの全探究の一つの指針ともなりうる洞察が含まれている。

まず、「真理はうちなる人間に住まっている」とはいえ、そのことは、われわれが現に真理と合致しているということを意味しない。「宿すもの」（魂・人間）と「宿されるもの」（真理ないし神）との間には、最後まで無限の隔たりが存しよう。つまり真理とは、決して対象知として捉え切れぬ何ものかなのだ。そして、ここにとりわけ注目されるのは、「それよりもより善いものがありえぬような適合性」として真理が語られていることである。

われわれが生のさまざまな営みにおいて到達しうる適合性（個々の善きもの、目的）は、いずれも有限で可変的なものである。それゆえ、それらはその都度いわば真理によって突破され、超えられてゆく。その際、真理は、有限な仮初の適合性を、そして人間の持ちうる何らかの完成や善を、どこまでも超越し否定する力として働いているのである。が、そうした真理そのものを、われわれは決して対象的に限定し知ることはできない。「それよりもより善いものがありえぬような適合性」[4]（＝真理）という表現が、「比較級」、「否定」、そして「可能」という三つの契機によって構成されているゆえんである。

こうして真理とは、決して空無なものではなく、無限性の彼方に鎮座しているものでもない。かえって真理は、われわれのあらゆる思惟と探究とを、その都度突破し否定する力として働き、そのことによって逆に、われわれの思惟と探究とをいわば構造的に支えているのだ。（たとえば、光は直視の対象ではないが、見えるものすべてを超えていることによって、見るという営みそのものを成り立たせている。）この意味で、ふだんそうしたことを殊更に意識しないとしても、われわれの知性的意志的なわざは、超越的な真理（善）の働きによって、何らか構造的に支えられ、かつ現実化せしめられていると考えられよう。

とすれば、われわれが真理に関与してゆく道は、多分に間接的な、また逆説的な性格を有する。実際、先の引用には、その道が成立してくるのは「霊的な快楽によって」だとされており、そこにはおのずと否定と浄化ということが伴っている。それゆえ、「精神の浄め、および霊的な快楽が生じること」と「真理に与りゆくこと」とは、われわれにとってほとんど同一の事態なのだ。そしてこの点は、前章で「信・信仰の端緒」について述べたことと密接に重なっているのである。

三　確実性のかたち

すでに述べたように、われわれは真理なる神に関与してゆく道の、最後まで途上にある。が、真理の働きを現に経験することには、ある種の確かさ（確実性）が存するのであった。アウグスティヌスはそのことを見据えつつ、一般に人が言語・知性的営みのうちに保持している「確実性のかたち」を、改めて次のように語り出している。

もしあなたがわたしの言うことを解せず、それが真実かどうか疑っているのなら、少なくとも「あなたがそれについて疑っているというそのこと」を疑いうるかどうかを見極めるがよい。そしてもし、あなたが疑っているということが確かであるならば、どこからそれが確かであるのか、その根拠を問い求めよ。……その際、自分が疑っていることを知っている人はすべて、「真なるもの」を知っており、また、自分の知っているものについて確かである。それゆえ彼は、「真なるもの」について確かなのだ。とすれば、真理があるかどうか疑う人はすべて、まさに自己自身のうちに、それについては疑いえないところの「真なるもの」をすでに保持していることになる。しかもまた、いかなる「真なるもの」も、真理によってでなければ真でありえない。かくして、何についてであれ疑うことのできる人は、真理について疑うべきではないのである。（『真の宗教について』四〇章七四節）

これによれば、われわれは「確実なもの」をいたずらに外に探し求める必要はない。何であれ何かを疑っているなら、「疑っているということ」をとにかくも知っており、つまりは「そのこと（真なるもの）」を知っているからである。言い換えれば、「真なるものなど知られえず、すべてははかなく流れる」などと人が主張したとしても、

（その主張内容には関わりなく）、彼はそれを、とにかくも「一つの意味あるもの（真なるもの）」として把握している。そうした把握なしには、何ごとかを「それ」（一つのもの）として語ることすらできないであろう。あるいはまた、何かについて疑っているとしても、その「疑っていること自体」は確かなこととして把握されており、それゆえ、そこには一つの確実性が存するのである。

こうした帰結は、真なるものや真理がほかならぬわれわれのうちに何らかの仕方で内在していることを暗示している。しかし、真理そのものが端的に直視されるとは、決して言われない。すなわち、さまざまな言表や判断が成立する規範ないし根拠として、真理への何らかの関与が語られても、それは、われわれが直接の対象として真理を知っていることを意味しない。かえって真理は、われわれのいかなる把握・限定の力をも限りなく超えているのである。

自己存在の変容

真理のそうした超越性はどこまでも強調されなければならないが、そのことと自己の存在様式との関わりについては、さらに注意すべきことが隠されている。

真理の働き（その照らし）に支えられてこそ、われわれは何ごとかを判断しうる。が、そのことは、単に所与の固定した事実なのではない。かえって、それを己れのうちに発見してゆくことは、自らの存在様式の変容をもたらすという。この点、先の文脈に続いて、アウグスティヌスは次のように洞察している。

これらのことが見られるところ、時間的場所的拡がりを超えた〔真理の〕光が存する。……その光は、たとい推論を働かせる人がすべて滅んだり、肉的な低位のものに落ちて朽ちてゆこうとも、いささかも損じられることがあろうか。なぜならば、理性の働きはこうした真なる事柄を決して造り出すことはなくて、ただ発見するに過ぎないからである。それゆえ、これらのことはわれわれにとって、発見される以前にそれ自身として存在し、発見されるときにはわれわれを新しくするのである。（『真の宗教について』四〇章七四節）

ここに明確に示されているように、「真なる事柄（つまり真理の光の現存）」を発見してゆくことは、いわば再帰的にわれわれ自身の存在様式を新たなものにするという。自己存在の変容という中心問題が、そこに姿を現わすのである。それゆえ、「自己のうちに何らか現存しつつ、しかも自己を全く超えているもの」（真理の光）と「それに与りゆくもの」（魂・精神）との微妙な関わりが、主題として問われなければなるまい。すなわちその際、自己の存在は、もはや固定し静止した実体としてあるのではなくて、むしろ「真理に開かれ、その顕現・宿りを担うべきもの」として、動的な構造のもとに問い披かれてゆくことになろう。(5)

これはむろん、極めて奥行きの深い問題であるが、それを全体として吟味・探究してゆくことは後の論述に委ねることにしたい。ここではただ、一歩立ち止まって、次のことを確認しておく。

真理や神の問題は、現代においてはややもすれば、正面から主題化されにくい現実離れしたものと看做されることがあろう。しかし、言語を用いて何ごとかを言明したり判断したりすること自身——たとい懐疑や不信を語るときですら——、「意味のある一つのもの（真なるもの）」を宿しているのであった。そして、そのことの成立根拠として「真理」という言葉が用いられてくるのであって、そうした「現実」に、われわれはその都度つねに関わっているのだ。それは、日常的な個々の現実（と思われているもの）の根底に存する、いわば「現実以上の現実」である。この意味では、魂や精神という名は、何であれものごとの把握や判断の根底に現存している「真なるもの」（そして真理）に関与しているような、その働きを呼ぶ名であろう。

とすれば、通俗的な「現実」や「現実の社会」といった言葉で分かった顔をしてしまうことは、ほんとうはできない。もし現実という本来は重い言葉が安易に使われるならば、そのことは、われわれが現に生き、また生かされている「現実以上の現実」から眼を逸らせ、ひいては真の自己実現（人間本性の開花）の可能性を塞いでしまうことになりかねない。

もちろん、すべての人が何やら学的哲学的な探究に携るわけではないが、何よりも肝心なことは、人間的生のうちに潜む「超越に開かれた位相」に心披き、謙遜を保持することであろう。それは、真理ないし神に対する謙遜ということであり、また、およそ他者に対する真実の謙遜もそこから生じよう。もとより、他者をありのまま受容し、赦しと愛をもって接すること、謙遜であることは至難のわざであるが、恐らくはそこにこそ、人間としての最上の姿、人生の秘密が隠されているのである。

それはともあれ、次章以下においては、アウグスティヌスの言う「うちなる超越」がさらにいかなる問題として展開されるかを見届けてゆくことにしたい。それはまず、自己存在そのものでもある記憶の問題である。だがその際、記憶というものは、過去のさまざまな出来事の記憶であるとともに、根底においては「自己自身の記憶」、そしてさらには「幸福の記憶」、「神の記憶」にまで開かれた構造の中で探究されているのである。

第三章　記憶と自己

うちなる超越とは、自らの存在根拠へと意志によって還帰してゆくことであった。それはあるいは、「わたしは在る」(Ego sum) たる神 (ヤハウェ) へと立ち帰ることだと言ってもよい。

もとよりわれわれは、時々刻々と移りゆく性を有し、自然・本性 (本質) として (つまり単に性質や場所としてだけではなく) 動きのうちにある。それゆえ、「在り、かつ在らぬ」というのが、有限な被造的事物の根本性格なのである。そしてとりわけ人間は、自らの「在ること」の意味を問い、根拠からの呼びかけに対して自由に応答しうる何ものかであった。

しかし、われわれは多くの場合、真に愛し志向すべきものに背を向け、さまざまな欲望の対象へと引きつけられている。それは魂・精神の分散であり、誰にとっても容易に脱却しえない罪の姿でもあろう。そこから向き直り、本来志向すべきものに自らの全体が開かれゆくこと、それは既述のごとく、神の言葉 (ロゴス) に貫かれ、かつ自由に聴従していった姿である。先の「あなた (神) を愛してしまった」という根源的出会いの表現は、そのことを如実に示していたのである。

では、「神を愛する」などというとき、「一体何を愛しているのか。」そのように改めて「対象」を問い直し、反省の文脈に立ち入るとき、「記憶」という広大な領野が問題として登場することになる。それはなぜなのか。そしてそこには、いかなる意味連関が隠されているのであろうか。本章での探究は、まずはその問いから始まる。

一　知の両義性

対象性への問い

「あなたはわたしの心をあなたの言葉をもって貫いたので、わたしはあなたを愛してしまった」（『告白』一〇巻六章八節）。これは今一度言えば、回心のとき、アウグスティヌスが発した神への叫びであった[1]。一見単純なこの表現は、「神への脱自的愛の発動」を、また同時に、「愛智（＝哲学）の端緒」を鮮やかに語り出している。そしてそこには、無限なる存在へと徹底して開かれた姿が漲っているのである。

ただ、そのことを踏まえた上で、ここに新たに注目したいのは、それに続く文脈で語られた言葉である。それはいわば、探究方向の転換を示しており、問いは改めて、無限なるものから有限な場・対象に向けられるのだ。すなわち、アウグスティヌスはこう語っている。

天地も、そのうちにあるすべてのものも、見よ、至るところからわたしに語りかけてあなたを愛するようにすすめ、またすべての人々に向かって彼らに言い逃れができぬようにしている（ローマ一・二〇）。……だがそれにしても、あなたを愛するとき、わたしは一体何を愛しているのか。それは物体の美しい形象ではなく、過ぎゆくものの帯びる魅力でもない。……にもかかわらず、わたしが愛するのは、わがうちなる人間にとっての光であり、声であり、食物であり、抱擁である。……しかし、それは一体何であろうか。（『告白』一〇巻六章八節）

これによれば、「あなた（神）を愛してしまった」ということが身を貫かれるかのような確かさを有していればこそ、「それは何なのか、何に関わっているのか」と改めて問われてくる。[2] この場合、ある種の全体知（良心）としての確かさは、対象ならぬ超越的対象に関わるものであって、一つの緊張、アポリア（難問）を孕んでいる。なぜなら、「神を愛する」とはわれわれにとって、一挙に神性の境に没入してしまうようなことではありえず、それゆえにまた、物質や身体の単なる否定でもないからである。（この点は人間把握の本質に関わるが、それについては、第五、六章で悪や罪を主題化して論ずるときに言及することにしよう。）

従って、「神を愛するとき、わたしは一体何を愛しているのか」という反省の次元での問いは、さまざまな対象的事物を一概に否定する方向にではなく、魂・精神が形成し保持している形象や心象の吟味に向かうのである。そこでアウグスティヌスは、まず有限なもの（対象）の指し示す両義的な意味を、次のように洞察している。

その問い〔神を愛するとき、わたしは一体何を愛しているのか〕を受けたとき、天と地のすべてのものが「われわれはあなたの探している神ではない」と言った。……それらのものは声高く叫んで、「その方がわれわれを創ったのだ」（詩編九九・三）と答えたのである。わたしの問いはわたしの志向（intentio）であり、それらの答えは、それらのものの形象・美しさ（species）であった。（『告白』一〇巻六章九節）

この文章から読み取られるように、有限なものの形象（形相）は、一方では確かに、もの・事物の「何であるか」（本質）を表示している。が、それらは他方、自らの存立根拠たる神をそれぞれの姿（分）に応じて指し示している。とすれば、個々の事物の知（認識）が成立したとき、そこには同時に、いわば差異性を突破したかのような「無限性に開かれた知」が存していることになろう。そしてそこに、知の両義性とも呼ぶべきものが伴っている。つまり、「有限な形象知」と「無限な神に関わる象徴知」とが、同時に生じるのだ。

ところで、こうした捉え方の一つの典拠となるのは、パウロの周知の言葉であった。

世界が創られたときから、目に見えない神の性質、つまり神の永遠の力と神性は、被造物に顕現したものとして〔何らか〕観取される。（ローマ一・二〇）

ただし、「神自身の実体・本質」は無限性そのものであって、われわれには全く隠された「知られざるもの」である。が、「神の働き・活動」は万物を貫いており、さまざまな事物のうちにそれぞれの存在様式に応じて現前しているであろう。従って、そうした神的な働きを宿した事物の形象が、神を遙かに指し示するし・象徴として受けとめられることになる。この点たとえば、一輪の百合（そしてつまりは一人の他者）にしても、その有限な姿の「今、ここなる現出」が驚きをもって受けとめられるときには、恐らく「造化の妙」を、また「自然の謎・神秘」を証示するものとなりうるであろう[3]。

判断する理性

右に見たように、われわれがものや人に接するとき、われわれのうちには諸々の形象知と象徴知という、次元を異にする知が生じてくる。ただその際、問題はそうした「知の両義性」それ自身にあるというよりは、むしろ、そのことを知り判断する魂・精神の方にある。というのも、およそものの形象や知が両義的な性格を持つということは、精神なり理性なりの働きによってはじめて顕現してくるからである。つまり、それらはそのようにしていわば言語化（ロゴス化）され、実現にもたらされるのであって、そのこと以前には潜在的に隠されていたと言えよう。

実際、すべての身体的な使者（五感）は、うちなる者に向かって報告を伝えた。うちなる者こそはこれらの統率者として、天地とそのうちにあるすべてのものが語る「われわれは神ではない」、「神がわれわれを創ったからだ」という返答について判断する。うちなる人間が、外なる人間の奉仕によってこれらのことを知ったのだ。……動物には判断する理性（ratio）が欠けているが、人間は問いを発しうるのであり、神の見えざるもの（神性）を創られたもの（被造物）を通じて悟り、明らかに見ることができる。しかし、創られたものへの愛着のためにそれらに服従させられており、正しく判断することができないのだ。……すなわち、創られたものはすべての人々に対して語っているのだが、外部から受容した声を内部において真理に問いたずねる者のみが、その声を知解するのである。（『告白』一〇巻六章一〇節）

この文中、「内部において真理に問いたずねる（照らし合わせる）」という表現には、とくに注意が必要である。単に外なる事物の形象を受容することが、そのまま「知」を成立させるわけではなくて、そのためには、うちなる真理に問いたずねる働きが不可欠なのだ。そしてこのことは、「精神」や「理性」といった言葉の発見ともなる。つまり、およそ知・判断の成立には、そうした働きが現前しており、その働きを経験し自覚することから、「働きの名」、「経験の名」として、精神や理性の名が語り出されると考えられよう[4]。

ところで、「内部において真理に問いたずねる」とは、教父の伝統にあっては、「神的ロゴスによる創造の場」（ヨハネ一・三）に立ち帰ることでもある。われわれはそうした知的な営みを通して、外なる形象を創造の原初的場から再形成し、改めてロゴス化（言語化）してゆくことができよう。そして、そのようにして精神のうちにロゴス化された「ものの形象」は、ある意味では、外なる裸の形象よりも「より善いもの」になるという（『三位一体論』九巻一一章一六節）。これはいわば「ものの新たな誕生」であり、「自然のロゴス化」とも呼ぶべきことであろう。

かくして魂・精神とは、改めて言うなら、神的な創造のわざに本性的に関与しうる何ものかだと思われる。が、この点については、問題の射程として次のことだけを示唆しておこう。

「創造」(creatio)というものは(大方の予想に反して)、単に遠い過去に生じた完結した出来事と看做されてはならない。かえって創造とは、とりわけ教父の伝統にあっては、今もなお生起しつつあるものとして、また人間が、主体的にかつ自由に参与してゆくべきものとして捉えられていた。この意味では、「外なるものの形象を、内部において真理に問いたずねてゆく」という人間の働きは、「現に生起しつつある創造(不断の創造)」といった、より大きな問題構造の中に置かれていると考えられよう。

二　記憶の階梯

もの・事物についての両義的な知(形象知と象徴知)は、その成立根拠をたずねるとき、神的創造の場に触れている魂・精神への問いへと、改めて突き返されてくる。そこでアウグスティヌスは、先の文脈に続いて、魂・精神のもたらす記憶(memoria)という「広大な広間」に入ってゆく。そして、記憶の諸々の階梯を吟味しつつ、ついにはそれらを超え、自己自身をも超えて、神(対象ならぬ対象)をたずね求めてゆくのである。

ちなみに、「精神」(mens)という語は、ラテン語では「記憶している」(memini)という語に通じる。そのことからも窺われるように、記憶とは、過ぎ去ったものや出来事を単に記憶しているということに留まらず、現在の「わたし・自己」の持続に、またつまりは魂・精神そのものに重なってくる。そして人間精神とは、自らに完結し閉じたものではなくて、無限なる神によって存立せしめられ、かつ神を志向し愛すべく開かれている何ものかであった。記憶という身近で、しかも奥深いものを探究しようとするとき、われわれはつねにそうした基本構造を念頭に置いておかなければなるまい。そこで次に、記憶の諸相について必要なことのみ見定めてゆくことにしよう。

感覚物の心象と記憶像

記憶のうちにはまず、さまざまな感覚物の心象（似像）(imago) が種々保持されている。ただそれは、先に言及したように、外なる感覚物の形象 (species) を単に受容することによってではなく、その形象を同定し知にもたらす「精神ないし理性の働き」によって、はじめて生起してくるのだ。これは微妙な問題を含むが、改めて確認しておくべきは次のことである。

(i) 感覚や記憶といった卑近な事柄も、それが何らかの知として成立してくることには、神的創造の場に与るような精神の働きが介在している。そしてこれは、「精神（理性）の名」の発見ともなる。

(ii) 「精神のうちに形成された心象の方が、ものの裸の形象よりもより善い」という。なぜなら心象には、「精神の実体・本質が何らか附与されている」からである。この意味では、ものの心象や記憶像などは、外的事物の単に二次的な像には留まらず、「もののロゴス化（完成・成就）」にも関わるであろう。

これは、西欧近代以降の自然科学的な自然把握からすれば、やや奇妙な見方と思われよう。だが、教父における問題の射程として、さしあたり次のように言いうる。人間は創造（生成）の最後に位置するが（創世一・二六）、人間のロゴス的営みを通して本来、すべてのものが結合され、創造のわざが持続し成就されてゆくであろう。それは、教父たちの基本的眼差しであった。それゆえ、われわれの最も身近な営みにしても、実はそうした全体の動向のうちに捉えられることになろう。

学知の成立根拠

記憶のうちには、さまざまな学（当時、自由学芸と呼ばれた）から学んだことも数多く含まれている。それらは感覚的な心象や記憶像などよりも奥深く精神に保持されているが、心象や像などではなく、「ものそのもの」(res ipsa）だという。実際われわれは、さまざまな知識をそれぞれの仕方で所有している。そうした広義の学知の場合、「もはや心象ではなく、ものそのものが記憶に引き込まれ、蓄えられており、今度はまた不思議な仕方で、想起によって記憶から引き出されてくるのである」（『告白』一〇巻九章一六節）。

だがそれにしても、それらの学知（＝もの自体）は、いかにして学び知られ、記憶に保持されるに至ったのか。アウグスティヌスはこの点、「原型の先在」とも言うべきことを示唆して、次のように語る。

諸々の学知（ものそのもの）を学んだとき、わたしは〔単に〕他人の心を信じたのではなくて、自分の心において認識して真だと認め、記憶に委ね、そして、欲するときにいつでも取り出すことができるように、いわば保管した。それゆえそれらのものは、わたしが学ぶ以前にそこに（心のうちに）在ったのだが、記憶のうちに在ったのではない。では、どこに在ったのか。そしてそれらを学んだとき、「その通りだ、真だ」とわたしが認め、語ったのはなぜだろうか。そのわけは、それらのものがすでに記憶のうちに在ったからではなかろうか。（『告白』一〇巻一〇章一七節）

この文章は、やや断定を避けた言い方によってではあるが、およそ学知の成立根拠として、知の「原型たるかたち」が先在していることを明るみにもたらしている。そうした「知の原型」を規範として、それに照らし合わせることがなければ、ある一つの学知を「まさにそれだ」と同定し、知ることもできないであろう。（たとえばたずね人の場合も、その人を何らか知っていてこそ、たずねてゆくことができる。）

ただし、ここに「原型の先在」とは、「前世での知が記憶に保持され、この世でそれが想起される」といった説明に終わってはならない。そうした神話的な説明方式を取るときには、知の根拠を求めて、さらに「前世の前世での知」が想起されることが要請されよう。そしてその結果、いわば無際限に遡行してゆかざるをえなくなる。が、それではいかにも空しく、また問題そのものが解消されてしまうことになろう。とすれば、「原型の先在」という事柄は、結局はまた、「魂・精神の原初的誕生そのもの」（創造の場）に突き返されてくる。[5] そこで一般的に言えば、「あらゆる形象知と学知とをいわば原理的に産出しうる本性を有した何ものか」（つまり、魂なら魂）の現存していることが、改めて自らのうちに見出されよう。そしてさらに、そうした本性を担う魂・精神は、もはや「物体」や「物体的要素の複合や配列」ではなく、何らか神性の次元に与っている何ものかなのである。

記憶の記憶、自己自身の記憶

右に述べたことからして、形象知や学知の成立は、それぞれ心象や学知（もの自体）を「それ」として「同定・把握し」、「記憶し」、そして「再現する」といった働きによって、はじめて現実のものとなる。そして、その「働き」が、魂・精神なるもの（その名）を証示しているのである。

そうした働きが現に成り立っている場合、そこにはさらに、「諸々のものを記憶していることを記憶していること」、また「自己が同一のものとして持続していることを記憶していること」が、同時に現前しているであろう。それはすなわち、簡明に言うなら、「記憶の記憶」、および「自己自身の記憶（あるいは自己知）」である。実際、それら二つの記憶がなければ、そもそも「わたしはこれこれのことを記憶している」などと思うことも語ることもできないであろう。

しかるに、端的な「自己同一」や「不可変的存在」は「神の名」でもあって、われわれはそこから遙かに隔たっていると言わざるをえない。従って、「記憶の記憶」や「自己自身の記憶」とはわれわれにとってある種の確かさを有するとともに、最後まで途上のもの、不完全なものに留まるのである。

ここにおいてアウグスティヌスは、自己存在の謎の前に立つかのように、次のような驚きの言葉を発している。

> 記憶するのはこのわたし、すなわち、心・精神としてのわたしである。……わたし自身にとって、自分ほど近いものが〔他に何か〕あろうか。しかも見よ、記憶なしには、わたしは「わたし」という言葉すら発することができないはずなのに、その自分の記憶の力を、わたし自身完全に捉えることができない。（『告白』一〇巻一六章二五節）

これは素朴な驚きと嘆きとの表明であり、また根本的なアポリア（難問）の提示である。しかし、自己自身のアポリアの発見は、同時にまた、その自己を超えゆく契機となりうる。すなわち、「自己の全き記憶」、「全き自己知」から余りに隔てられているとの自覚は、もしそれが虚心に担われるならば、「全き自己同一の知」への、そしてつまりは神への、限りなき愛の渇望ともなるであろう。（だが逆に、もし自己知が偽似的に完結し、もはや心の嘆きも生じなくなれば、それは傲りの姿であろう。そうした傲りからは、往々にしてさまざまな欲望への執着が生じ、結果として、自らの「在ること」がいわば分散してしまうのである。）

実際アウグスティヌスは、ここにおいて次のように語る。それは、記憶と自己との探究が、そこへと開かれゆくべきその究極の位相を示すものであった。

> 記憶の力は偉大で、何か畏るべきもの、深く無限に多様なものである。しかもそれこそは精神（心）であり、わたし自身なのだ。……では神よ、わが真の生命よ、わたしは何を為すべきか。……わたしは、わが上に留まりたもうあなたを目指し、わたしの精神を通して上昇し、記憶という自分の力をも超えてゆこう。わたしはあなたに触れうるところであなたに触れ、寄りすがりうるところであなたに寄りすがりたい。……しかしそ

れは、どこであなたを見出すためなのか。もしわたしの記憶の外にあなたを見出すのだとすれば、わたしはあなたを記憶していないはずである。だが、もしあなたを記憶していないのならば、どうして今、あなたを見出すことができようか。(『告白』一〇巻一七章二六節)

ここには、確かに一つの緊張が際立っている。つまり一方では、神(真理)への愛に促されている限りで、われわれはすでにして神を何らか知っていると言わねばなるまい。「何人も、全く知らないものを愛することはできない」からである(『三位一体論』九巻一章一節、一〇巻一章六節など)。しかし他方、神はその実体・本質としては決して知られず、未だこの身に顕現してはいない。

従ってわれわれは、「すでに、かつ未だ」という緊張を本性的に抱えている。が、それゆえにこそわれわれは、自らを愛に促した根拠に向かって己れ自身を超え出てゆかざるをえないのだ。「あなた(神)に触れうるところであなたに触れ、寄りすがりうるところであなたに寄りすがりたい」と言われるゆえんである。そして、その意味での愛の渇望こそは、本来、「魂・人間の名」にほかなるまい。

三　幸福の記憶と神の記憶

幸福の生と、その記憶

かくして記憶と自己との探究は、改めて端緒に立ち帰るかのように、超越的な根拠に徹底して開かれたものとなる。それは『告白』にあっては「幸福の生の記憶」として捉え直され、さらには「神の記憶」という究極の位相に収斂してゆくのである。

わが神なるあなたをたずねるとき、わたしは幸福の生（beata vita）をたずねている。それは魂が真に生きるためである。……幸福の生とは、すべての人が欲し、全く欲しない人はいないようなものではないか。では、人々がそれをそのように欲するとは、一体どこでそれを知ったのか、どこで見て、それを愛するようになったのであろうか。（『告白』一〇巻二〇章三一節）

しばしば登場する論拠であるが、幸福の生を求めているなら、それはとにかくも記憶において知られているはずだという。もとより「幸福の生」という言葉によって思い浮かべるものは、人によってまちまちであろう。しかしやはり、「すべての人は幸福であることを欲している。」こうした一見相容れない事態に対して、アウグスティヌスは次のように喝破し、問題点を浮彫にしている。

幸福の生とは、あなた（神）を目指し、あなたによって、あなたのゆえに喜ぶことにほかならない。……別のものを幸福の生と思っている人々は、真の喜びをではなく、別の喜びを追い求めているに過ぎない。しかしそうした人の意志ですら、真の喜びの一種の似姿とも言うべきものから完全に背き去っているわけではないのである。（『告白』一〇巻二二章三二節）

「あなたを目指し、あなたによって、あなたのゆえに喜ぶこと」が、「幸福の生の定義」として明確に示されている。しかし、それはむろん、至難のわざである。では、右のように語られるのはなぜなのか。そこにはいかなる意味連関が隠されているのか。これについては、「喜び」という言葉が、「完成」、「充足」、「目的」そして「善」といった言葉と通底していることからして、次のように考えられよう。

何であれ、あるものを欲するとは、それを一つの有限な「目的」＝「善きもの」として欲することである。しかし、いかなる欲求や意志も善そのものを出し抜いてしまうことはできない。かえってそれらは、いわば無限なる善（究極の目的）という拡がり・構造のうちに成立してくる。善の超越性にいわば構造的に支えられてはじめて、個々の欲求ないし択び（有限な善きもの、目的の現出）が成り立つのだ。

ともあれ、ここでは次のことだけを押えておこう。個々の目的（善きもの）を欲求し択ぶとき、われわれは善そのもの（神）に対して、否応なく応答してしまっている。つまり、何を欲し、何を択んでも、その有限なかたちにおいて、われわれは実は「善への応答のかたち」を刻んでいるのである。

善ないし真理（神）は、このようにどこまでも超越的であり、しかもその働き、構造に支えられてこそ、個々の欲求や択びも成立しうるであろう。では、それにもかかわらず、人はなぜ真理によって喜ばず、それゆえ幸福ではないのか。アウグスティヌスはその真相を、次のように説き明かしている。

それは、彼らが、自分たちを幸福にするよりはむしろ悲惨にする他のものに心を捉えられているからである。彼らを幸福にする当のもの（真理）を、彼らはかすかに記憶に留めているに過ぎない。……では、真理はなぜ憎しみを生むのか。真理以外の他のものを愛する人々は、自分の愛するものが真理であることを欲する。が、欺かれるのを嫌うので、自分が誤っていることを説得されることを望まない。それゆえ彼らは、自分が真理だと思って愛しているもののゆえに、かえって真理を憎むようになる。（『告白』一〇巻二三章三四節）

まことに透徹した言葉であり、人の肺腑を衝くものであろう。文中、「真理以外の他のものを愛する」とは、世の諸々の権力、財、快楽、名声等々に執着することを意味する。ただその際、およそもの・対象が悪なのではなくて、あくまで「それに執着し、真理（神）に背いてそれを欲すること」こそが悪であり、また罪でもあろう。

ここに垣間見られる「悪と罪の問題」は、われわれにとって最も切実なものであるが、それについては後章にて詳しく論究することにしたい。ここでは、アウグスティヌスが記憶論の長い探究を振り返って語っている言葉に注目しておこう。それは、引用文中の「真理（神）の記憶」というものの成立の機微を、改めて問い披くものであったからである。

神の記憶

あらかじめ言えば、次の一文は一見「神の記憶」を「回心のとき」に帰している。が、それは不思議なことに、恐らく人間の「創造のとき」に重なってくるのである。

> 主よ、わたしはあなたをたずね求めながら、何と長い間、自分の記憶のうちを歩き回ったことだろうか。そしてあなたを自分の記憶の外には見出さなかった。実際、わたしがあなたについて見出したことと言えば、それはすべて、あなたを知ったとき以来記憶していたことにほかならない。……わたしは真理を見出したところで、まさに真理そのものである神を見出した。それゆえ、あなたを知ったとき以来、あなたはわたしの記憶のうちに留まりたまい、あなたを想起し喜ぶとき、あなたをそこに見出す。これはわたしの聖なる喜びであるが、その喜びを、あなたはわたしの貧しさをみそなわして、憐れみの心から授けて下さったのである。（『告白』一〇巻二四章三五節）

ここにはとくに、「あなたを知ったとき以来」という表現が際立っている。それはまずは、かの回心のときを指しているであろう。しかし同時に、そのように神を何らか知るに至ったとき、魂・人間は自らが自らで在りはじめた当初から、神を何らか知りかつ記憶していたことを発見するのではあるまいか。

そうした原事実とも呼ぶべきことを自らのうちに発見してゆくことによって、過去の一時点での「回心（神への還帰)」が、同時的に「魂・人間の創造の姿」を想起させるであろう。つまり、「回心のとき」は、まさに「創造のとき」に密接に重なってくるのだ。そして、そのことを何ほどか経験するとき、われわれは「創造における本来的姿」を己れのうちに想起し、見出してゆくのである(『三位一体論』一四巻一五章二一節—一六章二二節)。

従って、魂ないし人間本性のうちには、神の原初的な記憶が何らか刻印されていると考えられよう。それは、幸福の生の記憶でもある。しかし、そうした根源的記憶は、何か完結したものとして自存しているのではない。かえってそれは、その都度つねに自己を超え出てゆくこととして生じてくるのである。

> 実際われわれは、幸福の生の記憶を知・観念(notitia)のうちに保持しており、それゆえそれを愛する。だが、さらに言えば、現に幸福な者とならんがために、それを獲得しようと欲するのである。(『告白』一〇巻二一章三〇節)

このように、「幸福の生の記憶」とは本来、「その現実化へと」(つまり、現に幸福で在ることへと)つねに自己を超出してゆくという動的性格(ダイナミズム)を有している。しかもそれは、神(真理)への絶えざる渇望として、また神への還帰(回心)として生起してくるべきものと考えられよう。

ただしかし、そうした道は、現にある頽落・罪の姿を否定してゆくということを、恐らくは不可欠の契機としている。なぜならわれわれは、「幸福の生」と真理をいわば本性的に欲しつつも、真理に背いて意志し択ぶという可能性にもその都度晒されているからである。それはまさに、自由の宿命とも言うべきことである。が、そうした負の可能性を全く取り去ってしまうならば、そこに人間的自由は存在せず、またそもそも人間ですらなくなってしまうであろう。かくして、記憶の探究は、その最終の局面においてわれわれを「創造と時間」、そして「罪の否定による人間の再形成」といった、根源的な問題の前に立たせることになる。

ちなみに『告白』での記憶論は、次のような祈りの言葉で閉じられている。それは、探究の一つの締めくくりであるとともに、新たな探究の胎動を告げるものであった。

自己のすべてを挙げてあなたに寄りすがるとき、何の苦しみも悲しみもなくなることであろう。……だが、わたしは未だあなたに満たされていないので、わたし自身にとって重荷である。まことに地上における人間の生は、間断なき試練ではなかろうか。……それゆえ、わたしのすべての希望は、ただひたすらあなたの大いなる憐れみにかかっている。あなたは慎しみ・節制（continentia）を命じたもう。……実にわれわれが、そこから多へ分散していたもとの一なるものへと集められ引き戻されるのは、節制による。……おお、いつも燃えて決して消えることのない愛よ、わが神よ、われを燃え立たしめたまえ、あなたは節制を命じたもう。あなたの命ずるものを与え、あなたの欲するものを命じたまえ。(6)（『告白』一〇巻二八章三九節―二九章四〇節）

第四章　時間と志向——精神の発見——

時間（tempus）とは一体何なのか。もし誰もわたしにたずねないなら、わたしは知っている。だが、たずね求める人に改めて説明しようとすると、わたしは知らない。（『告白』一一巻一四章一七節）

アウグスティヌスは『告白』の第一一巻において、哲学史上に名高い時間論を展開している。右の言葉は、その探究の途上、卒直に不知を表明した有名なくだりである。それはある意味で、「知と不知との間」にある人間そのものを示す言葉でもあろう。

ちなみに、そこでの「時間」という言葉の代わりに、「存在」、「善」、「愛」、「自己」そして「神」といった言葉を入れても、同様の文が成り立つ。われわれはいずれの根源語に対しても「知と不知との間」に置かれ、容易に抜き難いアポリア（難問）を抱えているのだ。そして恐らく、それらをめぐる問題は、最も根源的であるだけに通底しており、すべてが相俟って「人間という謎・神秘」に収斂してくると思われる。

ともあれ本章では、「時間とは何か」ということを主題として探究を進め、ひいては人間という存在者の「超越へと開かれた位相」を見定めてゆくことにしたい。

一　創造と時間

通俗的時間把握の突破

周知のように、旧約聖書『創世記』は、「はじめに神は天と地とを創った」という一文にはじまる。とりわけ、この「はじめに」(in principio) という言葉への問いが、『告白』における時間論を促すものとなっている。「時間」への問いは、万物がその存在を得た「創造」(creatio) という問題射程のうちで問い進められるのである。

しかし、あらかじめ言えばアウグスティヌスにあって、創造とは、決して時間軸上の過ぎ去った一点に位置するようなものではなかった。そうした通俗的な時間把握の方式をアウグスティヌスは「旧さ」と呼び、字義的物体的な仕方でしか聖書の言葉を受けとめえない誤謬としている。なぜなら、その方式は、「はじめに神は天と地とを創った」という「端的な生成（創造）」の意味を解明することを妨げるからである。それはなぜであろうか。

たとえば今日の物理学が、宇宙（世界）の起源を百何十億年前のこととして算定するという場合、「あるもの」(想像を絶した物的なもの) の爆発（ビッグ・バン）を想定している。(原子も素粒子なども、その後から形成されたに過ぎないという。) ただその際、当の「あるもの」の存在は、いわば謎のままに放置されている。従ってそこにあっては、宇宙なり世界なりの端的な生成ではなく、すでに前提された「あるもの」の状態変化が問題とされているに過ぎないことになろう。このことは恐らく、およそ自然科学的探究の一つの限界点に触れているのである。[1]

あるいはまた、宇宙（世界）の持続している全体を「対象」として、その起源を問うということ自体、ある種の仮構と言うべきであろう。この点、たとえばG・マルセルによれば、「世界を対象として取り扱うことと、再構成されうる過去を持つこととは、本質的に結びついている」[2]という。つまり、対象化された世界をいわばその局外から眺めようとするとき、問う自己は持続する世界のうちにありながら、世界の外なる無時間的な位置に自分を置いてしまっているのである。

これは、われわれがふつう馴染んでしまっている態度であろうが、マルセルはそうした常識的かつ学的な態度を「傍観者の離脱」と呼んでいる。だがそれは、創造の意志に主体的に参与してゆくかのような「聖人の離脱」とは似て非なるものだという。[3] 前者にあっては、世界も自己も多分に無反省な仕方で、その存立が対象化され前提されてしまっているのだ。それゆえここに、一つの中心的な事柄として、「自己の生成（成立）と世界の生成とは、ほとんど根源を同じうする問題である」ことが、何らか垣間見られてくるのである。

神の言葉による創造

さて、アウグスティヌスは次のように、創造と時間についての意味論的な考察をはじめている。その論は、何らかの素材・質料をもとにした製作や、多分に恣意的な異教的創造神話などに対する批判を含むものであった。

見よ、天と地が存在し、「創られた」と叫んでいる。なぜならそれらは、変動し変化するからである。しかし、創られずにしかも存在するものは、自らのうちに、以前には存在しなかったものを何ら含んでいない。つまり、以前になかったものを含むようになることこそは、変動し変化することである。（『告白』一一巻四章六節）

では、万物の創造とは何か。それは、何であれ先在する素材ないし質料（materia）を用いて為されたのではなく、何らかの場所において生起したのでもないという。ものの製作に類する方式は、「端的な生成、つまり創造」の名に値しないのだ。しかし他方、世界の生成というものを、その原因（根拠）の問いえないものとして、単に偶然の産物と看做してしまうこともできない。それは、探究そのものの放棄であり、ある種の不知に開き直った態度となろう。

それに対してアウグスティヌスは、「神の言葉（verbum）による創造」という捉え方を明確に示している。それは、神が「在れ」と語ったがゆえに諸々の存在物が生成したからである（創世一・三）。それゆえ創造とは、神からの必然的流出のようなものではありえず、神の自由と言葉とによると解されることになる。

が、もとより神の言葉とは、時間的に響く言葉ではなく、永遠の理念（ratio）ないし根拠・始原（principium）だとされる。この意味では、「はじめに神は天と地とを創った」という「はじめ」とは、通俗的な時間表象を前提とした過去の一時点のことではない。かえって、その「はじめ」とは、「根拠」、「始原」であり、また「神の言葉」、「知恵」などと同義のものと解されている。そこで一つの帰結として、次のような驚くべき知見が示されている。

あなた（神）はすべての世紀の創始者であり建設者であってみれば、あなたが創造する前に、どうして数え切れぬ世紀が過ぎ去るなどということがありえようか。……まさに時間そのものを、あなたは創造したのだ。そして時間が存在しなかったところには、「そのとき」などということもなかったのである。（『告白』一一巻一三章一五節）

というのも、神は「時間によって時間に先立つのではなくて、つねに現在である永遠性の高みによって、すべての過去と未来とを超えている」からである。（逆に、過去の一時点で創造が為されたとすると、それ以前には、存在物が何もないのに時間だけが流れていたことになろうが、それは背理である。時間とは、何であれ事物の変化とともに語られるものだからである。）

しかるに、「神は時間そのものを創った」などという、大仰とも見える表現は、決して問題が片附けられてしまったことを意味しない。むしろ、そこにおいてこそ、はじめに挙げたような「時間についての不知」が表明されたのだ。が、それは同時に、新たな論理的探究のはじまりを告げるものでもあったのである。

二　記憶・直観・期待

意味論的な探究への転換

根源的な不知の中にあって、人が時間について、「確かに知っている」と言えることは何なのか。アウグスティヌスはこのように問うて、新しい吟味・探究に取りかかる。まず確認されるのは次のことであった。

もし何ものも過ぎ去らなければ、「過去」(praeteritum) という時間は存在せず、何ものも到来しなければ、「未来」(futura) という時間は存在せず、そして何ものも存在しなければ、「現在」(praesens) という時間は存在しない。では、過去は〔その字義からして〕「もはや存在しないもの」であり、未来は「未だ存在しないもの」であるのならば、過去と未来とは、一体いかなる仕方で「存在する」のか。また現在にしても、それがつねに存在していて過去へと移りゆかないならば、もはや時間ではなくて、永遠であることになろう。……そこで現在にとって、それが「存在する」ゆえんは、まさにそれが〔過去へと移りゆき〕、「存在しないであろう」からだとすれば、「現在が存在する」とどうして言えようか。(『告白』一一巻一四章一七節)

これは、誰しも納得するほかない精確な意味分析であろう。ただ、それにもかかわらず、われわれは「長い時間」とか「短い時間」などといった対象的かつ量的なことを口にする。しかし、「過去」は文字通り、「過ぎ去っていてもはや存在せず」、「未来」は「未だ存在しない」のであるから、正しくは、過去については「長かった」、未来についでは「長いであろう」などと言うべきなのだ。

こうした意味合いからすれば、一日とか一年などという一まとまりの時間と看做されるものも――千年も万年も結局は同じことだが――、そのまま現存しているものではありえず、無際限に分割されることになる。従って、このことを突きつめてゆけば、実のところ、いかなる「時の間」も果てしなく縮小し、ついには自らを持ち堪えることはできない。現に存在するはずの「現在」ですら、この可変的世界での実質を問うてゆくと、何らの「間」をも持ちえなくなるであろう。[4] では、時間とは全く存在しないのか。そして、この世のすべての出来事もわざも、ただはかなく空しいと言うほかないのか。

しかしアウグスティヌスは、このようにすべてが無に帰してしまうかのような場にあって、われわれが何ほどか存在に関与してゆくための一つの橋頭堡を見出す。それは、「過ぎゆくもの」、「到来するもの」を何らか測り、「現存するもの」へとその都度もたらす働きである。そしてここにおいて、広義の言語・知性的な働きが注目されることになる。

まず強調すべきは、過ぎ去ったことを回想してそれについて語ったり、未だ来たらぬことを期待したり不安に思ったりするとき、それらはあくまで「現存するもの」に関わっているということである。つまり、それ自身は「在らぬもの」たる過去や未来が、魂なり精神なりの働きによって、何らかの仕方で「現存するもの」へと甦らしめられていると言えよう。

記憶・直観・期待としての時間

では、過ぎゆくもの、未だ来たらざるものは、そしてそもそも時間は、どこに、どのようなかたちで存在するのか。確かなのは、「どこに存在するにせよ、存在するものはすべて、ただ現在（現存）（praesentia）として存在する」ということである。「記憶・直観・期待としての時間」を語る表現が導出されるのは、まさにここにおいてであった。

今や次のことは明瞭であり、疑いを容れない。すなわち未来も過去も存在せず、また本来は、過去、現在、未来という三つの時間が存在するとも言えない。正確には恐らく、「過去についての現在」、「現在についての現在」、「未来についての現在」という三つの時間が存在するというべきであろう。が、実際、これら三つのものは何らか魂のうちに存在し、魂以外のどこにも見出すことができない。そしてここに、過去についての現在とは「記憶」(memoria)であり、現在についての現在とは「直観」(contuitus)であり、未来についての現在とは「期待」(exspectatio)なのである。(『告白』一一巻二〇章二六節)

この有名な表現は、時間というものが現存へと関与しうるための、本来的な意味と構造とを探り当てたものである。それは、通俗的な時間表象からの大きな転換であり、飛躍であった。そこにあって時間とは、記憶と直観と期待(不安や希望なども含めて)という三つのものから成り立つが、それは静止したかたち(形相)ではなく、むしろん単なる量でもなくて、無限なるものに開かれた動的かたちであろう。

ただ、ここに注意すべきは、そうした時間把握が、いわゆる心理学的時間などとして分類されるに終わってはならないということである。今日、物理学的時間、生物学的時間、社会学的時間等々が語られよう。しかしアウグスティヌスは、それらと並存するような心理学的時間を探究したのではなくて、普遍的な意味論のおのずと導くところ、ただ一つの時間を語り出しているのだ。そしてそれは、もはや客体的対象としての時間、つまり探究の条件をいわばゆるめて切り取られ、諸々の学の対象となったような時間ではないのである。

この点については、たとえばメルロ・ポンティの『知覚の現象学』中の考察(「時間性」の章)が、アウグスティヌスの論と重なり、一つの解釈例ともなっている。それによれば、「時間をものからわれわれのうちに移してみても、もし再び意識の中で、時間を〈今〉の継起として定義する誤ちを繰り返すならば、われわれは何を得たことにもならない。」あるいはまた、「時間は意識の所与ではなく、より正確には、意識が時間を繰り広げ、構成する」とも言われている。つまり時間は、「絶えず生成するのであって、客体として存在しているのではない」[5]のだ。

この意味で、アウグスティヌスの語る「記憶・直観・期待」という時間は、魂・精神のうちに刻印された三つの静止した像ではありえず、全体として一つの志向性を形成していると考えられよう。そこにあって問題となるのは、もの・対象から魂・精神への刻印づけの仕方ではなくて、むしろ、時間が「何らか現存しているもの」（無ではないもの）として測られたり比較されたりすることが可能となる、その根拠なのである。

そこでアウグスティヌスは、「生成しつつある時間」を測ることの成立根拠を、改めて問い求めてゆく。「時間とは、精神の延長、拡がりである」という著名な定義が語り出されるのは、そうした探究の中からであった。

三　精神の志向的かたち

精神の延長、拡がり

端的に存在しないものは、これを測ること（知ること）ができない。従って、われわれがたとえば過去について語るとき、過ぎ去ったもの（在らぬもの）を測っているのではなくて、「過ぎ去りつつある時間を測っているのだ」（『告白』一一巻二一章二七節）。現在の時間についても同様であって、何らか現存する拡がりを有していなければ、それを測ることも語ることもできない。

ここに注意すべきは、何であれ「もの・物体の運動そのもの」が時間ではなく、時間を測る尺度でもないということである。実際には人は古来、太陽の運行などを基準にして時間の単位を決めてきた。だがそこには、より先行する事態が潜んでいる。そこでアウグスティヌスは、いっそう次元の深い事柄について次のように指摘している。

> 物体の運動と、その運動がどれだけ続くかが、それによって測られる当のもの（根拠）とは異なる。（『告白』一一巻二四章三一節）

言い換えれば、物体がそこにおいて動くところのその時間（真の尺度となるもの）が、何らかの延長ないし拡がりとして測られていなければ、物体の運動は測られえないであろう。ここに至ってアウグスティヌスは、次のように微妙な言い方で時間についての著名な定義を提示するのである。

> かくして時間とは、延長、拡がり（distentio）以外の何ものでもないと思われる。しかし、一体いかなるものの延長であるのか、わたしは知らない。が、もし時間が精神の延長（distentio animi）でないならば、不思議である。（『告白』一一巻二六章三三節）

ただしかし、この「精神の延長」という表現は、決して時間論の結論ではなくて、むしろ「真理（veritas）がほの白く姿を現わしはじめた曙だ」という。つまり、「何らか物体ならぬものの現存する延長」として時間が語り出されたとき、そこに魂・精神というものの働きが勝義に現われてくる。してみれば、ふだん何気なく使われている魂なり精神なりの名が、右のような文脈において新たに見出されてくると言えよう。

さて、こうした「精神の発見」という事態について、より具体的な場面に即して今少し吟味しておこう。

われわれがある楽曲に耳傾けているようなとき、瞬間的に消え去ってゆく音の響きが測られる（聴き取られる）

とは、いかなることであろうか。その際、正確に言えば、もはや存在しない音節（何らかの物体の運動）そのものが測られているのではない。アウグスティヌスはことの真相を、次のように洞察している。

> それゆえわたしが測るのは、自分の記憶のうちに深く刻み込まれて存続している何かあるものなのだ。……わたしの精神よ、汝のうちでわたしは時間を測る。……過ぎ去りゆくものが汝のうちに作る印象（affectus）は、そのものが過ぎ去ってしまった後にも存続している。……わたしが時間を測るとき、わたしはまさにその現存する印象そのものを測っているのであって、その印象を生ぜしめて過ぎ去ったものを測るのではない。
> （『告白』一一巻二七章三六節）

以上のような考察から、改めて次の二点を確認しておこう。

（ⅰ）「精神の延長、拡がり」（時間の本義）とは、そこにおいて、またそれによって「ものの運動」が測られるところのもの（根拠）である。

（ⅱ）だが、そうした「精神の延長」は、「ものの現存する印象」（測られたもの）として生起してくる。そしてそこから、時間の通常の単位が第二義的時間として決められてくるのだ。

それゆえ、誤解を恐れずに言えば、精神は完結した同一性を保っているのではなくて、「精神の延長、拡がりとして」現象してくる。「精神が在る」ということはわれわれにとって、そうした落差と動きとをつねに伴うものとして語られるほかあるまい。そこで探究の基本線を一言で言っておくとすれば、「時間の本来的意味」を担う精神は、非存在へと過ぎゆくものを「現存する印象」にもたらしつつ、「つねに現存する存在そのもの」へと本来、自らが開かれ秩序づけられていると考えられよう。

志向と超越

くだんの「延長」（distentio）という語は、アウグスティヌスにあって実は緊張した意味を持たされていた。つまりそれは、現存する「延長」、「拡がり」であるとともに、一なるものからの「分散」でもある。

「精神の延長」（＝時間）とは、前者の意味では、片時も同一性を保つことのない可変的世界にあって、何らか現存する延長と持続が現出してきた姿である。そしてそれは、もの・事物に先行し、「ものの在ること」を支える働きであって、絶えまなき流れに打ち込まれた楔にもなぞらえられよう。しかし後者の意味では、「精神の延長」は分散であり、多数性を抱えたものであって、真に一なるものとしては存立していないのである。

確かに精神は、「期待し、直観し、記憶する。そして精神が期待するものは、直観するものを通して記憶するものへと移ってゆく。」そこで、「精神のこうした働きの生命は、記憶の方向と期待の方向との二つに分散する」とも言われる。この意味では、精神のそうした姿は、ある非完結的な延長であり分散なのだ。しかし、それは本来的には、一なる存在（＝神）を志向し、存在に関与する可能性を担うものであったと考えられよう。

こうして「時間」の探究は、前章における「記憶」の探究と同様、精神の志向的かたちの発見へとわれわれを導く。そしてとりわけ、次に取り上げる『告白』第一一巻の最終部分の言葉は、「精神・自己の成立」に関わる動的かつ自己超越的な構造を、極めて集約的に表現しているのである。

（i）あなたの憐れみは諸々の生に勝るがゆえに、見よ、わたしの生は分散（distentio）であるが、あなたの右手はわたしを捉え、存立させたもうた。すなわち、一なるあなたと多なるわれわれ――多の中で、多を通して分散しているわれわれ――との仲介者たる人の子、わが主において、わたしを支え存立させた。

（ii）それは、今わたしが「そのうちに捉えられているその方」を、わたし自身が捉えるためであり、さらにはまた、一なる方を追い求めつつ、そのことによってわたしが古き日々より一へと取り集められるためである。その際わたしは、過去のものを忘れ、未だ来たらぬものや過ぎ去りゆくものに分散することなく、まさに「先に在るもの」に向かって、分散せずに超出してゆき、天国の召命という褒美を得ようとして、分散によらず志向（intentio）によって追求するのだ。

（iii）そこにおいてわたしは讃美の声を聞き、来たることも過ぎゆくこともないあなたの喜びを観想することであろう。しかし今はなお、わたしの年々は嘆きのうちにあり、あなたこそがわたしの慰め、わたしの永遠の父である。（『告白』一一巻二九章三九―四〇節）

この文章には、アウグスティヌスの時間論の要となる事柄が見事に語り出されている。そこで、本章での論述の一つのまとめとして、右の文中の言葉をやや敷衍し、解釈してゆくことにしよう。

（i）時間が「精神の延長」であり、われわれの生が「分散かつ延長」であるのなら、時間とは人間の生そのものである。それゆえ、生が時間のうちにあるという通常の捉え方は、むしろ後なる二次的な構図なのだ。ところで、われわれの生は、感覚、思惟、欲求などあらゆる面で多数性によって浸透されており、「真に一である」（存在している）とは言い難い。しかし他方、われわれがとにかくも「わたし・自己」という言葉を発し、何らかの自己知を有している限りでは、われわれは「一なるもの」として存在すべく促され招かれているのである。

（ii）では、われわれがそうした「在り、かつ在らぬ」存在様式を担いつつ、さらに「より善く」存在に与りうるのは、いかなる仕方によってであろうか。この問いに対してアウグスティヌスは、ある種の自己還帰的な道を人間の成りゆくべき本然の姿として提示している。すなわちわれわれは、「自分が捉えられているその方（神の言葉、ロゴス・キリスト）」を、今度は自らが「その方を通して捉えようとする。」

従って、創造の根拠は、われわれにとって同時に、その目的とも捉えられている。だが、そこでの還帰は、決して単に無意味な円環ではない。つまり、後に論じるように、「人間が神の似像に即して創られた」（創世一・二六）ということは、恐らくは右のような「根拠への還帰」という時間的展開において、はじめて現実に生起しうると考えられよう。[6] そしてそこには、悪や罪の否定・浄化という契機が不可欠のものとして働いているのだ。

実際、先の文脈にあってアウグスティヌスは、「一なる方（神なる存在）を追い求めつつ、そのことによって一へと取り集められるため」と言っている。ここに「取り集められる」とは、欲望や執着によって分散していた古い在り様から回心して、一性に与るべく再生せしめられることであった。それゆえ、「一なるものを志向すること」は、多への分散という欲望的な姿を否定することとして生起するほかないのである。

ここではまた、時間論そのものとして、動詞の時制に注意されなければならない。まず、「神の右手がわたしを捉えた」とは、完了形で語られている。そして、「過去のものを忘れ……先に在るものに向かって、分散せずに超出してゆき……志向によって追求する」とあるのは、現在形で語られている。それが根源の記憶としての「志向的かたち」として、現に在るのだ。すなわち、分散が志向へと変容してゆくのだが、「真に在るもの（神）」への「精神の志向」こそ、時間の本義だと言ってよい。そうした志向の目的となるのは、「今わたしがそのうちに捉えられているその方を、わたし自身がその方を通して捉えるためであり」、「あなたの喜びを観想するため」であった。これらはいずれも将来に生じるべきこととして、接続法現在形で語られている。

さて、先に引用した文章は原文では一つの文なのだが、右のように「完了形」、「現在形」、そして「接続法現在形」で語られた事柄は、全体として相俟って、「精神・自己の一つの志向」を示していると考えられよう。すなわちその文は、既述の表現を用いて言えば、「過去についての現在」（＝記憶）、「現在についての現在」（＝直観）、「未来についての現在」（＝期待）という三者によって構成されている。そしてそれらは全体として、「人間という存在者の志向的自己超出的かたち」を如実に表現しているのである。

かくして、精神の志向的かたちとしての「時間」は、単に永遠と対立するものと看做されてはならない。つまり本来の時間とは、単に「永遠の影」のようなものではなくて、むしろ永遠なるものが何らか顕現し宿ってきた動的かたちなのである。この意味では、アウグスティヌスにあって、また一般にヘブライ・キリスト教の伝統にあって、「時間」や「生成」などは、古代ギリシア哲学とその伝統の上に立つ思想形態におけるよりも、遙かに積極的な意味が与えられることになる。

ところで、「つねに在るもの（神的存在）への精神の志向・超出」といった人間の本来的かたちは、先にも触れたように、この世における有限なもの（真実には在らぬもの）への欲望が否定され浄められることによって生起してくるであろう。それゆえ、右の引用文に見事に結晶したアウグスティヌスの言葉は、実は、欲望や執着、そして悪や罪といった事柄に対する洞察と表裏一体しているのである。

してみれば、「時間」すなわち「精神の志向的かたち」の探究は、その中心的位相が見出されてきたとき、改めてわれわれを悪や罪という、いっそう切実で困難な問題の前に立たせることになろう。次章以下において吟味・探究してゆくべきは、まさにそうした問題である。

第五章　悪の問題——自由とその根底——

　この世には、さまざまな悪しきこと、悲惨なことが満ちているように見える。しかし、神が善なる存在であり、しかもその神が世界を創造したのだとすれば、一体なぜこの世界に悪（malum）が存在するのか。これはむろん、古来の難問（アポリア）であるが、今日においても切実な問題として現実の世界に、またわれわれの心の内奥に潜んでいるであろう。だがそれにしても、悪とはそもそも何なのか。そして、悪の原因とは何なのか。

　言うまでもなくアウグスティヌスは、悪の問題について身をもって格闘し、己れ自身のうちに悪の原因を凝視しつつ問い抜いていった人であった。そうした探究によって、およそ人間の自由・意志というものの根本的な意味と構造が明らかにされていったのである。

　その基本線をあらかじめ一言で言っておくとすれば、悪とは、とりわけ人間に特有なものであり、さらには「人間・自己の成立」に、たとい否定的な契機としてであれ、深く関わっている何ものかであろう。なぜなら、悪を為す可能性を仮に人間から全く除き去ってしまえば、そこには固定した自然・必然的なものが残るであろうが、それはもはや「人間」ではないからである。もとより、われわれが悪を為す可能性に否応なく晒されているのは由々しいことである。しかしそのこと自体、単なる自然・必然を超えゆく自由というものを、いわば逆説的に指し示していると考えられよう。

　動物は勝義には悪や罪を犯すことはなく、与えられた本性（本能）のままに生きている。しかし人間にあっては、自由の働きがはなはだ両義的な意味を有している。実際、現に在るわれわれにとって、自由がなければ悪への可能性はないが、また、自由の正しい働きがなければ、真実の「善の現出」もありえないであろう。そしてこれは、狭義の倫理や道徳に関わることであるとともに、まさに存在論の中心に関わってくることであった。なぜならば、自己の根底に潜む悪を真に問いゆくとき、われわれは「自己の在ること」の基底が脅かされるような場面に立ち合うことになるからである。人間・自己の成立根拠が真に問われてくるのは、恐らくはそこからであろう。

そこで本章では、こうした大きな意味射程を有する悪の問題をめぐって、まずは『告白』の文脈に拠りつつ、基本的動向を見定めてゆくことにしたい。

一 欠乏の国

神よ、若い時代、わたしはあなたから離れて迷い、恒常のあなたからははなはだしく逸脱して、自分にとって「欠乏の国」（ルカ一五・一四）となってしまった。（『告白』二巻一〇章一八節）

アウグスティヌスは自分のかつての彷徨の姿を、このように卒直に告白している。ここに「欠乏の国」（regio egestatis）とは、「欠如の領域」とも訳せる言葉なので、この一文は、自己自身がいわば「存在の欠如」という姿に陥ったことを意味しよう。

ところで、「自分が自分にとって欠乏の国となった」とは、少年時代の一見たわいない悪行についての反省から語られた言葉である。（ただそれは、『創世記』第三章の「アダムとエバの罪」を暗示しており、小さからぬ意味射程を持っている。）それは、近郊のぶどう畑の近くにあった梨の木の実を仲間と一緒に盗んだというくだりである。

その盗みは、生活の貧しさといった必要に迫られてのものではなく、盗んだ果実は豚に投げ与えるくらいであったという。

アウグスティヌスはその行為の本質を、次のように剔出している。「わたしがそのとき享受しようと欲していたのは、盗みによって手に入れたものではなく、むしろ盗みと罪それ自体であった」（『告白』二巻四章九節）と。だが盗みには、何の形相（美しさ）（species）もないという。それゆえ、盗みを享受すること自体を欲するとは、「形相なきもの」、「存在の欠落した無のようなもの」を欲するということになる。そこでさらに、こう言われている。

盗みにおいてわたしが愛したのは、盗みそのものであって、他の何ものでもなかった。しかも盗みが無であるとすれば、わたしはいっそう憐れな者であった。（『告白』二巻八章一六節）

ここに窺われるのは、行為と存在とが微妙に関わっていることである。先に、「わたしは恒常のあなた（神）から逸脱して、自分にとって欠乏の国となった」とあったが、それは、悪しきことを為す者においては、「自己の在ること」自身が何らか欠如的なものとなることを意味しよう。すなわち、盗みであれ何であれ、「形相（美しさ）のないもの」、「悪という欠如的なもの（無）」を欲する人の存在様式には、ある種の欠如と仮構が生じるのだ。従ってそこには、いわば再帰的構造が潜んでいるのである。

こうしてわれわれが「欠如的なもの、真実には在らぬもの」を欲し、それに執着するとき、「在らぬもののかたち」が自らのうちに刻印される。それは、「いっそう憐れな者」となった姿でもある。そこにあって、当の行為する「人」の意味は多分に空洞化し、「人間」、「自己」という言葉は、「欠如」、「欲望」といった言葉に取って代わられることになろう。そうした逸脱ないし転倒の可能性は、誰しも免れることのできないものである。それゆえ、「人間・自己在り」ということも、意志や行為の局外に、「安心して確保されているもの」ではないのである。

二　自由・意志と悪

若き日のアウグスティヌスは、一方ではミラノの修辞学校教師（当時のエリートコース）となって、いわば世間的栄誉への道を進み、他方、情欲に捉われて放埒に身を委ねたという。そして、そうした生活の根底には、自己自身への執着と自愛心とが潜んでいた。アウグスティヌスはその状態に必ずしも埋没していたわけではないが、そこから脱しえない自分を嘆きつつ、さ迷っていたのである。（全く埋没して開き直っているなら、嘆きすらないであろう。）

自己把握の虚偽

アウグスティヌスがマニ教（ペルシャ起源の密儀宗教）に何年か捉われていたのも、右のことと内的に関わっていた。マニ教とは、いわゆるグノーシス主義の一形態であるが、善悪二元論的な教説をもとにキリスト教の一部をも取り入れた折衷的性格を持つ宗教であった。それは、往時の地中海世界一円にかなりの勢力を有していたのだ。では、マニ教の一体何がアウグスティヌスを引きつけていたのか。それはまさに、「悪の原因とは何か」、そして「悪を為すことの責任は何に帰着するのか」ということに関わってくる。

マニ教によれば、「魂（霊魂）＝善きもの」、「身体＝悪しきもの」であり、そうした魂こそ「真我」だとされる。魂は本来、天上の永遠界（アイオーン）を故郷とする「神的なもの」であるが、天上界の分裂と受難のために感覚的世界に落下し、悪しき身体のうちに閉じこめられている。従って、真我なる魂がそうした囚われの状態を脱して、永遠界に帰ることが、魂の（そして自己の）救いだということになる。

その詳細はさて措き、ここでは人間探究にとって肝心なことのみ押えておこう。マニ教は、争いと悲惨に満ちたこの世界からの脱出、救いを標榜する。その際、一見形而上学風の思弁を神話風の物語に仕立て上げているのだ。しかしそれは、アウグスティヌスが暴いているように、とくに自己把握に関して根本的な虚偽を孕んでいるものであった。この点、マニ教自身のうちではあいまいなまま混合していたものが、アウグスティヌスの洞察によって明るみにもたらされたと言ってよい。

そこで問題なのは、「魂（神的で善きもの）こそ真我だ」とされるとき、身体や肉体を否応なく抱えている「わたし・自己」とは何なのか、ということである。が、マニ教にあっては、こうした全体としての自己への問いは闇雲に切り捨てられ、「魂＝真我」という捉え方にすり替わっている。とすれば、そこにあって「悪」とは、もはや自己ではない「外なるもの」となろう。また「悪の原因（責任）」も同様に、自己の与り知らぬ「他なるもの」に存することになる。従ってその際、身体や質料といったものは、いわば見捨てられているのだ。そしてひいては、およそ時間的なものもこの可変的世界も、基本的には、「単に脱ぎ捨てられるべき消極的なもの」と看做されるのである。(1)

こうしたマニ教的（グノーシス主義的）教説は、自らのうちなる悪を感じ取り煩悶していたアウグスティヌスにとって、ある種の救いとも逃げ道ともなったという。なぜならば、身体（悪しきもの）を抜きにした魂（善きもの）こそが真の自己（真我）だとするとき、その自己は悪の責任からはじめから免れているからである。

自然科学的自然観への反省

右に概観したようなマニ教的人間把握は、現代のわれわれにとってはたして無縁なものであろうか。否むしろ、それは多くの場合、われわれ自身の姿でもあるのではなかろうか。

われわれはむろん、自然科学が大きく進展した時代に生きており、その唯物的自然観に知らず知らずのうちに影響されているであろう。そこにあっては、対象的客体的自然が主体・自己（精神）から切り離され、それ自身で独立の存在領域を形成している。と同時に、他方、主体ないし精神の方は、ややもすれば身体（物体）とは異なる次元の存在領域にあると看做されることになる。

ここに注意しておくべきは、近代自然科学というものが、マニ教やグノーシス主義などと実は根を同じうしているということである。つとに指摘されてきたように、両者は歴史的にも本質的にも一種の類縁性を有している。というのは、グノーシス主義から魂や霊についての教説を剝ぎ取ってしまうと、そこには物的質料的なものが残るであろうが、それは、自然科学における対象的自然に近いものだからである[2]。それゆえ両者に共通しているのは、簡明に言えば、「主体と客体」、「魂・精神と身体（物体）」等々の分離と領域分化なのである。ともあれ、近代自然科学の自然観は、それを担うわれわれが己れ自身（人間本性）の弱さや罪などを見つめることがなくなるならば、マニ教やグノーシス主義に容易に傾く。そしてそこに、自己把握のある種の虚偽が生じることにもなる。とすれば、そのことは誰にとっても人ごとではなく、われわれに一つの根本的反省を迫るものとなろう。

この点、もしわれわれが、「心、魂さえしっかりしていれば、自分は外なる行為によっては影響を受けない」などと思うならば、われわれは自己自身を欺くことになろう。というのも、魂・精神が身体や質料とは独立の「自存する神性」を保持すると思うことは、虚偽であり傲りであるからだ。しかし、われわれは往々にして、ほとんどそれと意識しないままに、その頑なな自我の砦に閉じこもってしまう。そしてそうした傲りから、さまざまな偏見や妬み、あるいは世の有限な事物への執着などが生じてしまうのである。

る。

悪の原因

マニ教との格闘、その批判的吟味は、右のような論の拡がりを有するものであった。そこにはむろん、後に改めて論究してゆくべきことが多く含まれている。ただ、ここではまず、アウグスティヌスの「悪の探究」における一つの転換点を示す文脈を取り上げよう。アウグスティヌスは自己知の微妙な意味合いについて、こう語り出してい

> 自分が生きていることを知ると同様に、意志を有することをも知っているということが、わたしをあなた（神）の光の方へと引き上げた。かくして、何かを欲したり欲しなかったりする場合、欲したり欲しなかったりするのがほかならぬ自分であることは極めて確実であり、そこに自分の罪（peccatum）の原因があることに、わたしは徐々に気づいてきたのである。（『告白』七巻三章五節）

この一文によれば、神的な光の超越的働きに何らか与ることは、自分が生き意志しているとの自己知を生ぜしめるとともに、悪ないし罪の原因が自らの意志の働きにあることを自覚させるという。それゆえここには、自己知の両義性とも言うべきものが姿を現わしている。というのも、自己を知るということは、それがとくに意志の内奥に関わってくる場合、超越（神的光）に与ることによってはじめて成立してくるからである。そして、そのことをいっそう劇的な仕方で示しているのが、次の言葉であった。

> そこでわたしは、それら（新プラトン派）の書物から自己自身に立ち帰るようにすすめられ、あなた（神）に導かれながら心の内奥に入っていった。……そこにわたしは、何らか魂の眼によって、まさにその魂の眼を超えたところ、すなわち精神（mens）を超えたところに不可変の光を見た。……わたしがはじめてあなたを

知ったとき、あなたはわたしを引き寄せて、わたしが見るべきものは存在するが、わたしがまだそれを見るだけの者になっていないということをわたしに示した。そしてあなたは激しい光を注いでわたしの弱い視力を眩まされたので、わたしは愛と恐れに身を震わせた。そして、あなたから遠く隔たり不類似の境地にいる自分に気づいたのである。（『告白』七巻一〇章一六節）

この文章は、アウグスティヌスが自らの神秘体験を表明したものとして有名なくだりである。「不類似の境地にいる」とは、「在りて在る存在（神）」に比して、自分が「在らぬもの」という性を多分に抱えている姿である。見落とされてはならないのは、その姿の発見（知）が「真理の光による何らかの照らし」によってこそ成立したということである。もとよりそれは、真理（＝神）の光自体の直視・知ではない。自分はまだ、その光を真に見るだけの者になっていないからである。

それにもかかわらずアウグスティヌスは、「わたしは在るところの者で在る」（出エジプト三・一四）という神の声を、「あたかも心で聞くかのように聞いた」と述懐している。そしてさらに、「真理（神）の存在を疑うよりは、むしろ自分が生きていることを疑う方が容易であっただろう」とすら語るのである。

ところで、「神的な光の照らし」などと言うと、そのような神秘的なことは「自分の与り知らぬこと」と思われるかもしれない。だがアウグスティヌスの指し示すことは、あるいはそれに多少とも似た経験は、誰にとっても意外と近いところに存しよう。

ふつうわれわれが、自分のさまざまな思惑や先入見、あるいは情念や欲求などを「善し」として、それらに執着しているときには、われわれは自分の姿に容易に気づかない。それは、「在り、かつ在らぬ」ような自己に頑なに閉じこもり、そうした自己自身を「善し」と肯定している姿である。そんな状態の中から、自らの悪しき姿に何ほどか気づかされるのは、何らかのきっかけで自分の弱さを思い知らされたときであろう。しかし、そのことが自己に固有の力によって生じたのではない限りで、そこには「自己を超えた力」が何らか働いていると言わざるをえない。「不可変の光」といった言葉は、それを指し示している。その際、自らの悪しき姿が、自分ならぬ「他のもの」によって生じたのではなく、ほかならぬ自らの自由・意志の働きに帰因する、ということが思い知らされるのだ。従ってそこにおいて、「魂＝善きもの」を真の自己とし、「身体（そしてこの世）」を悪とするようなマニ教的な自己把握は、根本から崩れてくるであろう。なぜならば、自己の仮初の「閉じた姿」（神性を標榜する姿）が切開され、不完全な弱き姿が自覚されてくるからである。

してみればここに、三つの事柄の通底していることがとにかくも確認されよう。すなわち、「神的な光による照らし」、「自己の悪しき姿の自覚（自己知）」、そして「悪の原因としての自由・意志」の三つである。

「善の欠如」としての悪

右のような基本線のもとに、アウグスティヌスは「悪とは何か」ということを改めて精確に見定めている。そこでとくに注目されるのは、次の論述である。

〔有限で可変的な〕滅びるものも、やはり善いものである。もとより、それが最高の善であれば滅びるはずもないが、多少とも善いものでなければ滅びることもありえないであろう。……なぜならば、滅ぼすとは損なうことであるが、損なうことはそのものの有する善を減らすことなしには生じえない。……それゆえ、すべて滅びゆくものは、善を奪われてゆくのでなければならない。しかし、すべての善を奪われたならば、全く存在しなくなるであろう。そのときには全くの無となるはずである。従ってそれらは、存在する限りは、善いもの

なのである。（『告白』七巻一二章一八節）

これはまことに明確な意味論的考察である。そしてその推論からさらに、「悪は神にとっても被造物にとっても、〔実体としては〕存在しない」、「悪は実体（substantia）ではない」という帰結が導き出されるのである。

この文脈にあって、「存在する限りは善いものである」という表現には、とくに注意が必要である。それは確かに、「存在と善との同一性」を語っている。しかしそのことは、「人間やさまざまな事物が端的に善だ」などということを意味しない。なぜなら、「善いものだ」とは、「存在する限りは（＝その観点では）」という厳しい条件の中で、はじめて語られているからである。

言い換えれば、すべて有限な存在物（被造的事物）は、あくまで「在り、かつ在らぬ」という両義性を免れえない（『告白』七巻一一章一七節）。だがそれらも、「存在する限りは」善いものなのだ。と同時に、それらは、「在らぬものたる限りでは」、何らか善ならぬもの、つまり「悪」という意味合いを抱えているのである。

こうして悪とは、存在するもの（実体）ではなく、「善の欠如」（privatio boni）として捉えられることになる。しかし、これは決して、世のさまざまな悪や悲惨から眼を逸らした捉え方ではなかった。かえって探究の刃は、己れ自身に突き返されてくるのだ。なぜなら、「善の欠如」（非存在のかたち）たる悪は、ほかならぬ自己の自由・意志の働きによって生起してくるからである。

三　意志の背反と罪

意志の転倒した働き

以上の考察に続いて、アウグスティヌスはさらに「意志の転倒した働き」を凝視し、次のように喝破している。それは、「悪の探究」にあって一つの要ともなる表現であった。

不義とは、実在するもの、実体（substantia）ではなく、かえって、至高の実体である神から離れて最も低いものに落ちてゆき、うちなる自己を投げ捨ててふくれ上がってゆく意志の背反・転倒にほかならない。（『告白』七巻一六章二二節）

簡明に言えば、神に対する「意志の背反」こそ、悪であり不義（不正）なのである。従って、「悪いもの」、「悪い存在」などという言い方は、「もの、存在（＝善）」という概念を不透明な仕方で附着させており、多分に形容矛盾ですらある。つまり改めて言えば、その際「悪い」という形容詞は、もの（実体）の単なる性質を示す以上に、もの（実体）の欠如・欠陥の姿を示しているのだ。

では、こうして悪ないし不義として見出されてきた「意志の転倒した働き」は、通常「悪いもの」とされるさまざまなものと、いかなる関係にあるのであろうか。この点、アウグスティヌスは、たとえば欲望ないし情欲といったものの常識的把握を突き抜けるかのような洞察を示している。

実際、転倒した意志（voluntas perversa）から欲望・情欲（libido）が生じ、情欲に仕えているうちに習慣

(consuetudo) ができ、習慣に抵抗せずにいるうちに、それは必然 (necessitas) となってしまった。(『告白』八巻五章一〇節)

ちなみに、アウグスティヌスは若き日、使徒パウロや砂漠の隠修士アントニオスなどに倣って神に完全に仕える人になることを渇望していた。[3] が、「他人から受けた鎖によってではなく、ほかならぬ自分の意志の鎖によって縛られていた」という。右に引用した文は、その悪しき姿が徐々に顕在化してゆく過程を語るものであった。

それによれば、欲望なり情欲なりは、はじめから自己のうちに固定したものとして潜んでいるというよりは、「転倒した意志」によって触発されて生じてくる。すなわち、いわば無底の深淵からであるかのように、はじめに悪しき意志(悪しく意志すること)が現出し、それが未だかたちなき欲望的エネルギーに働きかけてかたちを与える。[4] 次に、その「欲望」を自ら肯定し、それに仕えていると、それは「習慣(習性)」となる。そして最後に、習慣が高じると、それは自己にとってほとんど「必然」と化してしまう。

こうした階梯は、根拠(原因)たる「転倒した意志」が徐々に顕在化し、いわば現に受肉(身体化)してゆく過程であろう。言い換えればそれは、人間の自然・本性がだんだんと崩れ、非存在へと落ち込んでゆく姿でもある。つまりそこにあっては、魂・自己の「在ること」そのものが徐々に欠落し、空洞化してゆくのである。

とすれば、転倒した悪しき意志による「欲望、習慣、そして必然」という階梯は、第一章で述べた「回心(神への道行き)」の階梯とは逆方向の姿を、如実に示している。従ってそれは、「神への道行き」をしも、いわば影絵のように指し示していると考えられよう。

魂の分裂・罪の法

ところで、転倒した意志（神への背反）がいかなる欠如的な姿をもたらすかということについて、アウグスティヌスはさらに、凄まじい自己反省の言葉を発している。それは、かの決定的な回心に先立つ「魂・自己の分裂」を叙述したくだりである。それによれば、転倒した意志が自分を捉え奴隷の状態にしていたとき、他方では、「神のために神に仕え、神を享受したいという意志が心に生じはじめていた」という。

しかし、その新しい意志は、古さのゆえに強固になっていたはじめの意志を克服するだけの力をまだ持っていなかった。かくして、一方は古く他方は新しく、一方は肉的で他方は霊的な二つの意志が衝突し合って、魂を引き裂いてしまっていた。（『告白』八巻五章一〇節）

このようにアウグスティヌスは、「肉がいかに霊に背いて欲求し、霊が肉に背いて欲求するか」（ガラテア五・一七）というパウロの言葉を、うちなる経験として知ったのだ。そして、「わたしの肢体のうちには別の法があって精神の法と戦い、自分を肢体のうちなる〈罪の法〉のとりことした」（同、八巻八章二〇節）と語られている。

かかる激しい内的葛藤は、いわば意志のうちなる意志自身の戦いとして、さらにその真相があらわにされてゆく。すなわち、身体というものは、手足の運動などに見られるように、ふつうは魂・意志の働きに直ちに従う。だが、「欲する、意志する」ということ自身については、欲するや否や、その「欲すること」をしたはずなのに、そうはできなかったのである。

それゆえ、そこにおいて意志は全心をあげて意志してはおらず、全心をあげて命じたのでもない。……そこで、半ば意志しながら半ば意志しないということは、奇怪なことではなくて、実は精神の病にほかならない。

すなわち、精神は真理によって上方へ引き起こされながらも、心の習い・習慣によって抑えられているために、全体として立ち上がることができないのである。（『告白』八巻九章二一節）

アウグスティヌスはこうした言葉で、自らの矛盾した姿をあらわに抉り出している。が、多くの場合われわれは、同様の現実を抱えていても、これほど透明に己れを凝視しかつ言語化しえぬまま、あいまいな姿に留まっているのではなかろうか。（アウグスティヌスにしても、かつての自己の姿を明確な言葉で語りうるためには、回心後の多くの時間を要したのである。）

右の文脈にあって「意志の分裂」、「精神の病」とは、「善く意志すること」が端的には成立していない姿であろう。それは単純なことであるが、まさに自由・意志の深淵にも関わることであった。実際それは、次のようにより根源的な位相を秘めたものとして捉えられている。

わたしは自分自身と争って、自分自身から引き離されたのであるが、この分裂は意に反して起こった。しかしそれは、自分のうちに本性の異なる別の精神が存在することを示すものではなくて、むしろ「アダムの子たる」わたしの精神の蒙っている罰（poena）を示すものであった。（『告白』八巻一〇章二二節）

以上のような一連の洞察を受けとめる際、とくに注意しておくべきは、最後の点、つまり「アダムの罪によって自分が罰を蒙っていること」を、通俗的時間表象での因果関係によって了解してしまわないことである。一般には確かに、

「アダムのいわゆる原罪」──→「われわれの死すべき姿（アダムの罪による罰）」──→「キリストの受肉、受難、そして復活」

といった図式が、信仰上の真理として語られよう。しかしそれは、単に外からの説明によって問題の真相を覆ってしまうようなものであってはならない。かえってそれは、われわれ自身の「愛智」および「信の知解」を促すものとして、いわばわれわれの内側から新たに発見され、生の根本的変容をもたらすものとならなければなるまい。

そこで、問題の中心を改めて窺っておくとすれば、次のことに存しよう。われわれが神から意志的に背反するとき、己れ自身が根源的な罰を蒙る。その際、「神からの背反」とは罪であるので、罪を犯すこと自体が罰であり、そうした「罪＝罰」が己れの身に刻印されることになろう。

悪を為すとき、再帰的に自己自身が悪の姿になり、罪を犯すとき、罪の姿になってしまう。何を意志し、何を択ぶかによって、そのような姿が自らの存在様式として生み出されてしまうのだ。それゆえ、安心して確保されているような主体・自己は、どこにもない。われわれは、まさに存在の次元に関わることとして、「より善き方にか、より悪しき方にか」という両方向につねに晒されているのである。

こうした事柄は、実は「創造と原罪」という、いっそう大きな問題射程のうちに置かれているものであった。「アダムの罪によって罰を蒙っている」というアウグスティヌスの言葉は、そのことを示している。実際、アウグスティヌスは『告白』の後を承けて、後期の主著『三位一体論』において、その問題に対する透徹した吟味・探究を遂行している。が、これについては次章において、その基本的動向を見定めてゆくことにしたい。

小鳥に説教するフランチェスコ、ジョットー、
アッシジのフランチェスコ教会、14 世紀

第六章　創造と罪

人間が身に負うている「死の性」(mortalitas) とは「罪 (peccatum) のしるし」であり、それはまた、神が高ぶる者、傲る者を退けたもうことのしるしだという (『告白』一巻一章一節)。アウグスティヌスのそうした捉え方は、むろんパウロの次のような言葉と密接に呼応するものであった。

> 一人の人間によって罪がこの世に入り、また罪によって死がこの世に入ったように、すべての人間が罪を犯したがゆえに、死がすべての人に及んだ。(ローマ五・一二)

この表現はわれわれに対して、人間本性それ自身の根本的な謎を突きつけてくる。なぜならば、生きているものがすべていずれは死ぬということは当然の宿命であるが、右の言葉によれば、「罪こそが死だ」と洞察されているからである。

では、人間にとって死というものが、単に自然・本性的なものではなくて、むしろ罪によって生じたのであれば、罪を犯す以前、人間は本来、不死なるものであったのか。また、「すべての人間が罪を犯したがゆえに、死がすべての人間に及んだ」というが、それがたとえば、未だ何の意志も芽生えず、自らの行為に対して何ら責任を持ちえない幼児にも同様に当てはまるとすると、そもそも罪とは何なのか。

聖書的伝統の指し示すところは、常識や生物学などの「生と死」の意味領域を遙かに超え出ており、それゆえにまた、それらを根底から問い直すことを促してくる。実際、先の表現から窺われるように、罪というものは、人間が人間として「生きること」、「在ること」の根底を脅かしてくる何ものかであった。してみれば、「罪＝死性」の現出の機微を問うことを通して恐らく、「人間が真に（＝善く）生きるとは何か」、そして「人間本性の開花・成就の道は何か」といったことが、間接的な仕方においてであれ何らか浮彫にされうるであろう。

ともあれ以下においては、主として『三位一体論』後半の文脈に拠りつつ、「創造と罪」の問題の中心的場面を明らかにしてゆきたいと思う。

一　人間の創造

神は言われた、われわれはわれわれの似像と類似性に即して人間を創ろう。……神はその似像に即して人間を創り、男と女とに創った。（創世一・二六―二七）

周知のごとく、人間の創造はこのように語られている。これによれば、人間は単に偶然に生じたのではなく、また、一なる根拠（神なら神）からの必然的流出によって生じたのでもなくて、神の自由ないし意志によって創造されたということになろう。実際、右の文で「われわれ」という語は、恐らく神の意志や内的対話などを表わしているのである。

とすればそこにあっては、神的な言葉（ロゴス）が決定的な働きを為しているであろう。この意味で、神の世界創造ということは、いわゆる「無からの創造」である以上に、「言葉（ロゴス）による創造」としてよく特徴づけられる。そしてその中心に、人間が立っているのだ。すなわち人間とは、何よりもまず、「神的な自由を身に帯びた何ものか」であり、またそれを通して「神の似像に成りゆくべきもの」だと言うことができよう。『創世記』の記述によれば、人間は世界創造の最後の段階に（象徴的に第六日目に）登場した。それ以前のさまざまな事物の創造に際しては（第一日目から第五日目まで）、それぞれについて「神はこれを見て、よしとされた」という。しかし創造のわざが終了したときには、「はなはだよかった」と記されている（創世一・三一）。

この言葉は、創造のわざ全体が完成し成就したことを示すものと解される。この点、問題の射程として次のことだけを言っておこう。人間はロゴス的知性的な働きによって、他のすべての被造的事物に名を与え、それらすべてを包摂する役割を担っている。それはある意味で、「自然のロゴス化」のわざであろう。つまり人間は、自らが「神の似像に成りゆく」とともに、そのことを通して、恐らくはあらゆる事物を統べ、全一的な交わりにもたらすことへと定位されているのである。

しかるに、創造のそうした本源の姿は、人間のいわゆる原罪（創世三・一―一三）によって崩されてしまう。ただし、アダムとエバとの原罪物語には極めて深い象徴的意味が隠されており、アウグスティヌスもとくに『三位一体論』第一二巻において、透徹した解釈を遂行している。その文脈を吟味するに先立って、あらかじめ次の二点を押えておこう。

（i）　世界創造ということは既述のごとく、「過去・現在・未来」という通俗的時間表象の上での、過去の一時点で完結した出来事ではない。創造をそのように過去の対象と見ることは、自己がそうした創造の外に出ることであり、時間論の本義からして、ある種の仮構となろう。

（ii）　それゆえにまた、人間の創造と原罪との間に通俗的な時間の巾を想定することは、あくまで物語風の語り口である。内実としては、人間の成立（創造）と罪とは、ほとんど同時的なことであろう。なぜなら、人間は、人間として成立すると同時に、自由に意志しはじめるが、そこにはすでにして罪の可能性が存するからである。

してみれば、問題は、「今、ここなる」自己にその都度突き返されてくるであろう。神的働きは時と処とを超えて現存するとしても、それに対してその都度、いかに応答してゆくかというところに、罪の問題も生じてくるのだ。ともあれ次に、アダムとエバとのいわゆる原罪という事態について、その根本的な意味を問いたずねてゆこう。

二　原罪の成立

罪の成立の階梯

『創世記』の記述によれば、アダムとエバとの罪の物語は、次の四つの段階から成る。

（i）はじめアダム（人間の意）は、「園のすべての木から取って食べるがよい。ただし、善悪の知識の木からは決して食べてはならない。食べれば必ず死んでしまうであろう」（創世二・一七）と命じられていた。

（ii）しかし蛇が出現し、エバに対して「決して死ぬことはない。それを食べればあなたたちの眼が開け、神のように善悪を知るものとなることを神は知っている」（同、三・四―五）と唆かした。

（iii）そこでエバは、「その実が食べるによく、うるわしいことを見て、ついにその実を取って食べた」（同、三・六）。

（iv）そしてまた、「これを自分とともにいた夫（アダム）にも与えたので彼も食べた」（同、三・六―七）。こうして彼らは神の命令に背いたので、女は産みの苦しみを得、男もまた、労苦して生を営むべきものとなり、二人して楽園（エデンの園）から追放された（同、三・一五―一九）。

原初の罪の成立を語るこのくだりは、一見素朴な神話であるが、そこには後に吟味するように、「罪の成立の機徴」、そして「行為と存在との関わり」についての普遍的な洞察が秘められている。まず、次のことに注意しておこう。アダムやエバは、聖書の語り口では独立の個人として描かれている。ただその際、古代ヘブライ人における象徴的集合人格的な表現形式が、色濃く反映している。このことは、ヘブライ語において「アダム」が一般に「人間」を意味する名詞であることからも窺われよう。さらにはまた、こう言われている。

神は土（アダマ）の塵で人間（アダム）を形づくり、生命の息（ハーヤー）をその鼻に吹き入れた。こうして人間は生ける者となった。（創世二・七）

これはアウグスティヌスによれば、人間の身体（肉体）はすでに在る素材から造られたのに対して、魂は神によって直接に創造されたことを示している（『創世記逐語註解』七巻二四章三五節）。しかもそのことは、われわれすべての魂についても当てはまるであろう。ともあれ、『創世記』の記述は、特殊な個人の出来事を神話風に語るという仕方で、実は「人間とは、そして罪とは何か」ということを普遍的に告知しているのである。

四つの階梯の象徴的意味

さて、先に挙げた「原罪の成立の四つの階梯」について、それぞれの霊的かつ象徴的な意味をまず概観しておこう。

（ｉ）はじめに神の命令として、神に聴従すべきことが禁止命令という形で示される。

（ii）次に登場した蛇は、「神の命令への背反」を唆かした。端的に言えば、蛇自身が「神への背反」を象徴し、「悪魔（サタン）」の化身と解される。蛇はどこからともなく突如として現われたが、そのことは、「意志による神への背反」が無底のごとく人間に生じることを意味しよう(1)。

（iii）エバは、神への背反を唆かす蛇の言に従った。蛇に対するエバの同意には、感覚的形象が結びついている。アウグスティヌスによれば、エバは「時間的感覚的なものに関わる精神（理性）の部分」を象徴し、アダムは「永遠なるものに関わる精神の部分」を象徴している（『三位一体論』一二巻七章一〇節）。とすれば、両者は一人の人間、一つの精神に属しているのであって、独立の個人を指しているのではない。すなわちアダムとエバは、必ずしも個体としての二人の人間を表わしているのではなく、通俗的な意味での人類の祖先だというのでもなくて、われわれ一人一人が本性的に「アダム・エバ」なる結合体なのだ。（この点は、常識的かつ実証学的解釈とは次元を異にしている。）ところで、エバの行為は簡明に言えば、感覚的なものに惑わされ、心で迷っている状態を示していると解されよう。従ってそれは、未だ真に行為として具体化していない「心の迷いの姿」を象徴している。

（iv）最後にアダムは、そのエバに同意した。それはもはや迷いではなくて、意志的な決心によって「神への背反それ自身」を自ら肯定したことを意味しよう。注意すべきは、そこにおいてこそ、「罪」＝「神への背反」が現実に生起するということである。つまり罪の行為は、アダムの意志的同意によってはじめて、具体的に顕現し、いわば身体化してくるのである。

右のような（i）から（iv）までの意味づけは、アウグスティヌスの一連の考察に依拠したものであった。そこで、解釈の典拠となる一つの集約的表現を取り上げ、さらに吟味してゆこう。それは、およそ「罪の成立」の全体としての機微を極めて明晰に語り出している。

肉的かつ動物的な感覚が、精神の志向（intentio mentis）に対して……感覚自身を享受するよう誘惑を投げかけるとき、すなわち不可変的な善（bonum）たる普遍的善としてではなく、自分の私秘的な善として享受するよう誘惑するとき、それはいわば、蛇が女に語りかけたそのときである。

そしてさらに、この誘惑に同意することは、取りも直さず禁じられた木から食べることである。ただしかし、この同意が、もし思惟の喜びのみによって満足させられ、肢体の方はより高い思慮の力によって、「不義の器として罪に捧げられないように」（ローマ六・一三参照）抑制されるならば、それは、女だけが禁じられた木の実を食べたことと解されるべきであろう。

だが他方、身体の感覚によって感覚されたものを悪しく使用することに同意して、実行する力さえ伴えば身体においても成就されるために、何か罪を犯す決心が為されたならば、それは、禁じられた食物をともに食べるように、女が自分の夫にも与えたことだと解釈されるべきである。（『三位一体論』一二巻一二章一七節）

これは、まことに精確な、驚くべき言葉である。まず、構造として注意すべきは、アダムの段階で現実に生起した「神への背反」（＝罪）は、実は蛇のうちに潜在的な仕方で存していたということである。というのも、蛇は悪魔のわざを象徴しているが、その悪魔とは「転倒した意志」、「神への背反」そのものを呼ぶ名であるからだ。ただそうした「神への背反」は、エバの段階では、「思惟の喜びのみによって満足させられ」、肢体の方は思慮によって抑制されている。しかしアダムの段階に至ると、意志的同意によって、「神への背反」としての「罪」が、単に心の迷いという状態を脱して、現実に行為として生起し、いわば身体化してくるのである。

従って、罪というものの成立には、ある種の自己還帰的構造が存していることになる。すなわち、原罪という行為の生成劇には、はじめに潜在的に存していた「神への背反」が、「思惟のうちのみでの喜びという迷いの姿」（エバ）を経て、ついには「意志的同意による現実化、身体化」（アダム）として生起するという、円環的階梯が認め

X_0 ⇢	X_0' →	A →	X
悪魔 （＝神への背反）	蛇	エバの同意	アダムの同意 （＝神への背反、罪）

られよう。

　この意味では、蛇（＝悪魔の化身）、エバ、そしてアダムの為したそれぞれのわざは、ほかならぬわれわれ自身のうちに生じうる三つの契機なのである。（すべてわれわれは、蛇、エバ、そしてアダムの複合体となるのだ。）平たく言えばこのことは、はじめに突如として生じた悪しき思いが、うちなる迷いを経て、現実に行為となってしまう過程である。この間の自己還帰的な構造を図示すれば、上のようになろう。

人間的自由の深淵

　こうして、神への背反という「罪のかたち」は、端緒（原因）であるとともに終極（目的）でもあることになる。しかも、それはいわば突如、端緒として現出し、それ以上に遡行して問い求めることのできないものであった。人間的自由は、そうした深淵に晒されているのである。

　なおこの点は、悪の原因が結局は「悪しく意志すること」に帰着し、それ以上遡りえないという議論と対応している。そこで、その要となる表現を挙げておこう。

> 誰も悪しき意志の作動因（始動因）を求めるべきではない。なぜならば、それは作用を働くものではなくて、欠如させるものだからである。悪しき意志というものは実は働きではなく、むしろ欠如・非作用なのだ。実際、最高度に存在するものから、より少なく存在するものへと落下してゆくこと、それこそが「悪しき意志を持ちはじめる」ことなのである。（『神の国』一二巻七章）

従って、そうした欠如・落下こそが「悪しきもの」の原因なのであって、「悪しき意志を持ちはじめること」、「悪しく意志すること」それ自身は、さらにその原因を求めることはできないとされる。（そのようなことは、あたかも闇を見ようとすること、あるいは沈黙を聞こうとすることだという。）

しかるに、「悪しく意志すること」（自己の悪しき姿の原因）の原因をそれ以上遡って求めえないということは、必ずしも単に消極的なことに留まるものではあるまい。むしろそれは、人間的自由が神的自由に与りうるという、その謎・神秘を逆説的に証示していると考えられよう。実際、神への背反が生じるのは、神に背く可能性、つまり自由があってこそであろう。言い換えれば、「神への聴従の可能性」、あるいは「存在（＝神）を受容する可能性」が、神への背反ということに論理的に先立つのである。

とすれば、アダムにおいて生起した「神への背反」（罪）とは、ある意味では、「神を受容しうること」（capax Dei）という「魂・精神の本来的な自然・本性」に対して、また「自然・本性の成立根拠（神）」に対して、「悪しく同意すること」であったと言えよう。そしてそれは再帰的な仕方で、「神を受容する可能性」を自ら閉ざし、ひいては存在（神）との生きた関わりから切り離されてしまうことを結果してくるのだ（ヨハネ一五・一―六）。かくして、「傲慢が罪の端緒だ」という言葉は、すぐれて存在論的な意味合いを有することになろう（『三位一体論』一二巻九章一四節）。

創造と原罪とのある種の同時性

では、罪（神への背反）とは一体いつ生じたのか。それは誤解を恐れずに言えば、魂・精神（神を受容しうるもの）の誕生のときであろう。端的に言えば、人間は創造のはじめから、つまり人間でありはじめ、働きはじめた当初から罪を犯しているのだ（『創世記逐語註解』一一巻一六章二一節）。すなわち、何を、いかに欲し意志しようとも、その自由な意志の働きには負の可能性が構造的に潜んでいる。それゆえ、「人間の創造がまずあって、そこでは罪なき姿が存し、然る後に（通常の時間的経過の後に）、原罪という行為が生じた」という風に解すべきではあるまい。（それは、あくまで神話的な語り口である。）

　してみれば、「人間が創造されること」と「原罪が生じること」とは、論理的本質的にはむろん、ある種の先後関係を有するが、現実の人間にとってはほとんど同時的な事態なのである。言い換えれば、「神への背反」とは、われわれの具体的な生との連関では、もとよりわれわれの存在の後なるものだとしても、人間たることの根源的成立の場に関する限りは、われわれの「在ること」、「行為すること」とともにあるものなのだ。なぜならば、人間はかく意志することを離れて、それ以前に独立の存在を有しているわけではないからである。(2)

三　人間の「在ること」の「より大、より小」――罪の存在論的な意味――

「在ること」の「より大、より小」

右に見定めたように、原罪というものが人間の原初的な誕生（創造）と同時的なものだとすれば、人間が「神の似像に即して創られた」ということも、そのうちに一つの根本的緊張を孕んでいることになろう。すなわち、人間の創造、およびその自然・本性の成立とは、現実のわれわれにとっては不変の形相の現出ではなくて、恐らくはそれ自身のうちにいわば「存在論的な落差と動き」を伴った事態なのである。

　ここに注目すべきは、神への背反としての罪が、魂・人間の在ることを「より小」にしてしまうとされていることである。アウグスティヌスの次の言葉は、そうした罪の内実を明確に剔り出すものであった。

> 魂は自分の力を愛し執着することによって、普遍的なもの（善）から私秘的な部分へと滑り落ちる。この背反こそ、罪の端緒と呼ばれる傲慢（superbia）にほかならない。すなわち魂は、もし被造物全体の主宰者たる神に聴従するならば、最も善く司られたであろう。だが傲慢のゆえに、普遍的なものよりも何らかの部分を欲求し……しかもそれを自分の法によって支配しようと企てたとき、結果的にはかえって部分的なものへの気遣いへと追いやられる。かくして魂は、そのようなものを不正に欲求すればするほど、それだけ「より小なるもの」となってしまう。「貪欲があらゆる悪の根源だ」（一テモテ六・一〇）と言われるゆえんである。（『三位一体論』一二巻九章一四節）

ただしこのことは、単に狭義の道徳や倫理にのみ関わることではなく、むしろわれわれの「在ること」の根源に関わってくる事態なのだ。つまり右の文中、「不正に欲求すればするほど、より小なるものとなる」という表現は、魂・人間の存在が「より大、より小」を容れるものとして捉えられていることを示している。われわれは存在論的に「より大、より小」になりうる何ものかなのである[3]（『神の国』八巻六章、『創世記逐語註解』四巻一七章二九節など）。

そこで簡明に言えば、われわれは悪しく欲求し行為することによって、「より少なく」存在することに陥る。つまり、欲求し行為する主体・自己の存在は、今一度強調しておくとすれば、何かはじめから確保されているのではなくて、意志や行為によって左右されるのだ。そのように倫理と存在との問題は、根本において密接に連関しているのである[4]。

存在論的な頽落・罪

右のような文脈にあって、傲慢や貪欲というものは、魂の存立そのものを脅かし欠落させるものとして捉えられていた。そうした存在論的な頽落・罪の姿は、さらに次のように如実に語られている。

> 魂は身体の感覚によって知覚したものを自分のものにするために、それらのうちに自分の善の目的を据えようとして……あくなき欲望のゆえに何ごとかを為すなら、何を為そうとも醜い仕方で為しているのだ。かくして魂は、「自己自身の身体に対して罪を犯しつつ姦淫を行い」(一コリント六・八)、物体的なものの虚妄の像を自らのうちに引き入れ、空虚な想念によってそれらをからみ合わせる。その結果、そうしたものこそが魂にとって何らか神的なものに見えるようになるが、かく私秘的で貪欲な魂はさまざまな誤謬に満たされ、自分で空しく力を浪費して無力なものになるのである。(『三位一体論』一二巻一〇章一五節)

ここには、「魂の転倒した姿」と「その成立の機微」とがあらわに示されている。すなわち、魂がこの世における有限な対象(つまり権力、財、快楽、知識、名声など)を欲求し、究極の善(目的)であるかのようにそれに執着するならば、魂はそうした働き、行為によって、自己自身にある種の非存在のかたちを刻印されることになろう。(それは、「欠乏の国」とも呼ばれていた。)

右の引用文で、「あくなき欲望のゆえに何ごとかを為すなら、何を為そうとも醜い仕方で為している」とあるが、それはまことに厳しい言葉である。その点、無限なる善(神)に心閉ざされた傲りが根本にあるときには、この世で人の眼に一見善きわざすらも、神の眼差しの前では醜いもの、価値なきものと言わねばなるまい。アウグスティヌスはそうした傲り・傲慢のわざを、次のように透徹した言葉で洞察している。

魂は自己の力を試さんとする欲望によって、自らの意図を通していわば中間点としての自己自身に落下する。そのように、いかなるものの下にも服さぬ〔神のごとき〕存在であろうと欲するとき、かえって罰を受け、自己を媒介として自己自身から最低のものへと投げ返される。……なぜならば、つねに同一に留まる知恵（sapientia）への愛が無視され、可変的かつ時間的なものについての経験によっていたずらに知識（scientia）が欲求されるとき、そうした知識は「ふくれ上がるばかりで、真に〔徳を〕建てることがない」（一コリント八・一）からである。そのように鈍重となった精神は、いわば自分の重さのために幸福から追放されてしまうのだ。……われわれの主イエス・キリストによる神の恩恵（gratia）によらなければ、一体誰が、この不幸な魂を死の体から解放し自由にするであろうか（ローマ七・二四―二五）。（『三位一体論』一二巻一一章一六節）

同様の文脈であるが、魂は、超越的な善（神）に対して自らの意志を介して背反し、最低のものへと落下せしめられる。そのとき魂は、神への背反という「罪のかたち」、「死の性」を自己自身に抱え込むことになる。そしてそこに、魂・人間の「在ること」の「より小なる姿」が生じてくるのだが、それはいわば、存在論的転倒とも呼びうる事態であろう。

こうした意志の転倒は、われわれの生活のさまざまな局面に、恐らくはそれと自覚されないままに潜入してくる。つまり諸々の有限な目的（仮初の善きもの）が欲求の対象となる際――それが権力や名声であれ、富や快楽などであれ――、しかもそうした自己が傲りによって肯定されるなら、そこには「善そのもの」（神）に心閉ざされたような「意志の転倒」が存しよう。それゆえにまた、さまざまな「欲望の名」、「悪徳の名」はいずれも、そうした「根源的な罪」（神への意志的背反）が、それぞれの具体的状況の中で現出してきたかたちを指し示しているのである。

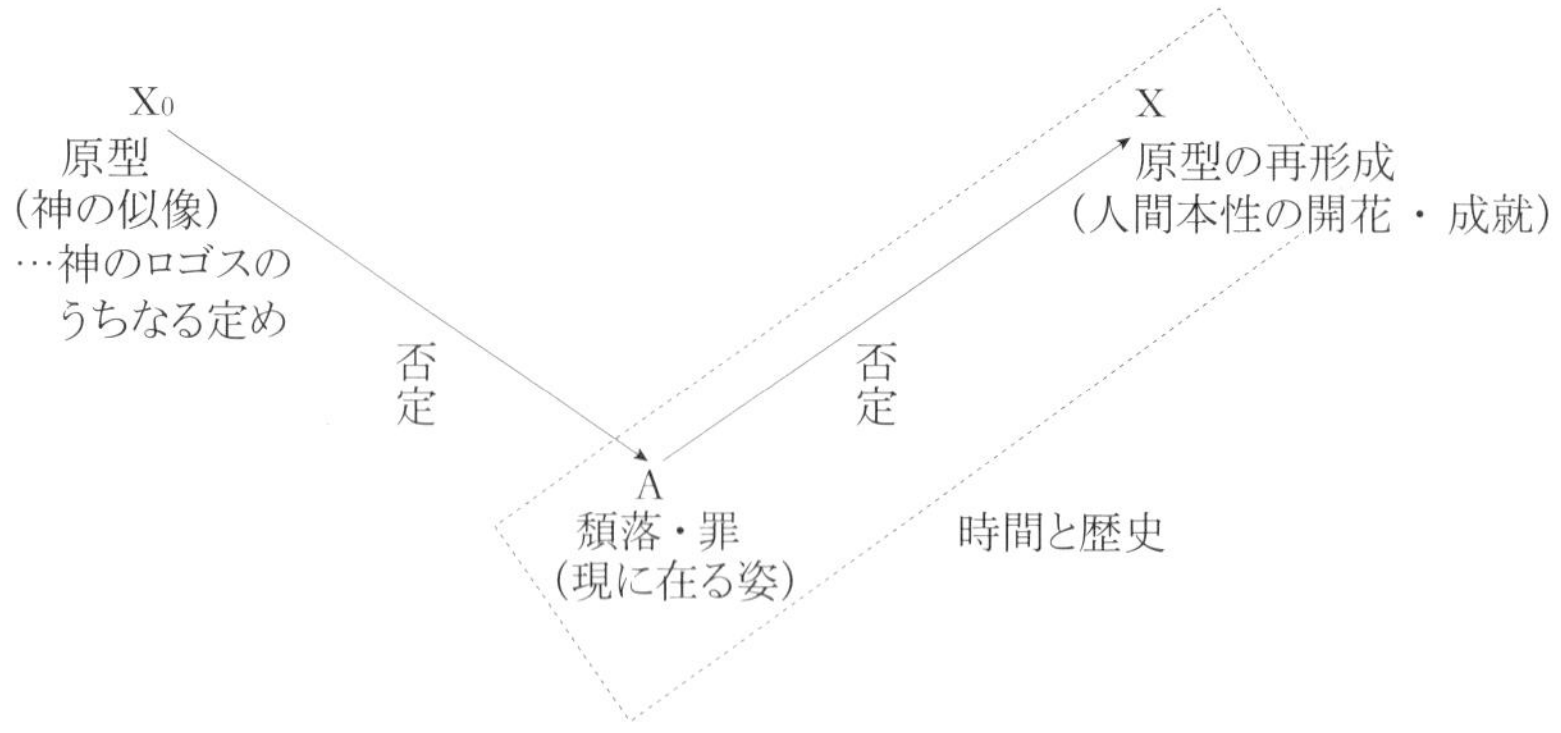

回顧と展望

人間がそれに即して創られたとされる当の「神の似像」(imago Dei) とは、われわれの成りゆくべき姿であって、すでに成就している姿ではない。なぜならば、現実のわれわれは、自らの生成（創造）と同時に意志しはじめており、それゆえ、「悪しく意志すること」、「罪を犯すこと」の可能性につねに晒されているからである。

従って、「神の似像」はわれわれにとって、いわば「神的ロゴスのうちなる定め」（人間の原型ないし範型）として歴史の外に存在する。そして、かかる原型からの頽落・罪のうちにあるものとして、われわれは自己を見出さざるをえないのだ。すべてわれわれはそうした否定（落下）を、「自由の負の可能性」として否応なく抱えているのである。

この意味で人間は、現に今、たしかに人間でありつつ、真に人間と成りゆくべく定位され、呼びかけられている。それは、「神の似像の再形成への道」だと言えよう。あるいは、「神の似像の開花・成就への道」と言ってもよい。

では、そうした道はいかにして、また何を根拠として成立しうるのか。それは次の、そして最後の主題である。が、その道は少なくとも、現に在る「頽落・罪のかたち」の否定と浄化という道を取るほかないであろう。とすれば、それは全体として、ある種の二重否定的な構造を有しているのだ。それを仮に図示すれば、右のようになろう。

中間のAから終極のXへの道は、絶えざる否定・浄化の過程であり、現実のわれわれは、最後まで途上に留まる。そして、AからXへの道行きこそ、すぐれて時間（精神の志向）であり、歴史だと考えられよう。

このように概観される「神の似像の再形成」とは、およそ「人間とは何か、そして何でありうるのか」という探究の、まさに中心軸を形成するものであろう。次章においてはそうした見通しのもとに、その基本的動向をさらに見定めてゆくことにしたい。

マエスタ、シモーネ・マルティーニ、シエナ、
パラッツォ・プブリコ、14 世紀

第七章　神の似像の再形成

人間は言うまでもなく、ロゴス（言語・知性）的で自由な存在者である。が、そのことは、ヘブライ・キリスト教の伝統にあっては、人間が「神の似像に即して創られた」という基本把握と密接に結びついていた。先に述べたように、神による世界創造とは、神からの必然的流出ではなく、神的な意志と自由によって生起したという。そのことは、神の徹底した超越性を示しているであろう。それゆえ、「神の似像」（imago Dei）という言葉が用いられるとき、そこには、人間が神的自由と超越性に何ほどか似た存在者だという洞察が含まれているのである。

もとより人間的自由は、端的に善のみを意志するような絶対のものではなくて、「悪しく意志すること」（つまり「神への背反」としての罪）の可能性をつねに抱えている。だがそのことは、人間の成立それ自身にとって、はなはだ逆説的な事態だと言わねばなるまい。なぜなら、一言で言っておくとすれば、悪と罪への可能性があればこそ、神（在りて在る存在）により善く関与する可能性もありうるからである。

たとえば動物は（そして天使的イデア的存在も）、勝義には罪を犯すことがなく、それぞれ限定され閉ざされた自然・本性を有するばかりである。彼らのすべての営みは、与えられた本性（種）を世代を超えて保持してゆくという一点に向けられている。それゆえ彼らには、勝義の「個」というものはなく、本性・種のみがあるとも言えよう。それに対して人間は、自由・意志の働きによって「より善き方にか、より悪しき方にか」つねに開かれており、自らの限定された自然・本性を超えて、無限なる存在（神的本性）に与りゆく可能性を担っているのである。

ところでわれわれは、本来の原型（神の似像）からの頽落ないし罪のうちにあるものとして自己を見出さざるをえないのであった。この点、パウロの言葉に、「すべての人間が罪を犯した」（ローマ五・一二）とある。それは、あれこれの特定の罪である以上に、自由というものに不可避的に伴う「悪しく意志すること」（神への背反）の可能性そのものを示していると解されよう。してみれば、われわれが志向してゆくべきは、自らの「頽落・罪の姿」を否定し浄化することを通して、原型たる「神の似像」をより善く実現し宿しゆくことであろう。それゆえその道は、「否定（頽落）の否定」という二重否定的な性格を有するのであった。

そこで本章では、そうした道行きの機微と成立根拠とを吟味し探究してゆくことにしたい。それは、「人間・自己の真の成立」の、またひいては「他者との真実の交わり、愛」の根源的な意味を、多少とも問い披くものとなるであろう。

一　神を受容しうるもの――不死性に与る可能性について――

魂の原初的可能性

罪とは、神からの意志的背反であり、また死性でもあった。罪というものは、人間的な生と存在とを根底から脅かす由々しいものとして捉えられていたのである。だがアウグスティヌスは、そうした罪の姿を見つめつつ、そこになおも存続している積極的な可能性を注視している。それは、「罪＝死性」によって絶望したり、生のはかなさや悲しさをいたずらに嘆いたりすることなく、人間本性（とくに魂・精神）に原初的に与えられている力ないし可能性を正しく語り出すためであった。

魂は、真に魂の生命と言われるべき幸福の生を欠くときには、確かに自己の死を持つ。しかし、この上なく悲惨なときでも、ある種の生命は生きることをやめるわけではないので、魂は不死的だと言われる。……つまり、神を知りかつ見るために理性（ratio）と知性（intellectus）を用いうる限りで「魂が神の似像に即して創られた」と言えるとすれば、確かにこの似像は、かくも偉大で驚くべき本性でありはじめた当初から、〔罪によって〕たといほとんど無に等しいまでに磨り減らされても……つねに存続しているのである。（『三位一体論』一四巻四章六節）

アウグスティヌスは、このように微妙な言い方で不死性を問題にしている。そこにあっては「魂の不死性」などということを、はじめから事実として断定するのではなく、また「死後の復活や不死」を外側から一方的に主張するのでもない。問題はそれ以前にまず、「今、ここ」なるわれわれの生の次元に関わるのである。[1]ところで、魂が不死的だと言われるのは、「この上なく悲惨なときにも」、つまり自由によって罪（死性）に頽落しているときにも、「ある種の生命」が魂になおも存続しているからであった。それがなければ、恐らく魂は、決定的に死性に飲み込まれ、非存在に陥ってしまうほかないであろう。ここにおいて、「魂」、「精神」、「知性」といった言葉は、「不死性に何らか与りうるもの」を呼ぶ名として、改めて見出されることになる。

魂の本性（natura）は、最高の本性（神的本性）ではないので損傷を受けえた。しかしそれは、最高の本性を受容しうる（capax）ものであり、それに関与するもの（particeps）でありうるがゆえに、偉大な本性なのである。（『三位一体論』一四巻四章六節）

このように言われるとき、「罪のために魂が損傷を受けえたこと」が、「最高の本性を受容しうる」可能性を逆説的な仕方で証示している。そこで人間の魂は、「神（真の存在）を受容し、神に関与しうるもの」と語られることになる。しかしそれは、誰にとってもすでに完結した事実ではない。なぜならわれわれは、意志的背反としての罪にもつねに晒されており、ある種の存在論的な緊張と動性（ダイナミズム）のもとにあるからである。

精神の三一性

右のことをさらに踏み込んで明らかにするために、アウグスティヌスはとりわけ精神の三一性構造に注目してゆく。（あらかじめ言えば、そこにあっては、「不死性」というやや大仰な事柄が、「一性の成立への道」を問う文脈の中でいっそう正確に捉え直されている。）まず、探究の一つの結節点を示すものとして、次の言葉を引いておこう。

> 精神（mens）の秘所にさまざまな事物の知が潜んでいるが、それらは思惟されるときはじめて、ある仕方で発出し、精神の視野により明らかに形成されてくる。そのとき精神は、たとい何か他のものを思惟していて、自己自身については思惟していなくとも、精神自身が自己を記憶し（meminisse）、知り（intelligere）、愛している（amare）ということを発見するのである。（『三位一体論』一四巻七章九節）

これによれば、われわれが何であれ対象的な事物について思惟することの根底に、精神自身のある種の三一性が見出される。それは、とにかくも「自己を記憶し、知り、愛する」という三一性であり、全体として「潜在的な自己知」と言ってもよい。それなくしては、精神（自己）が、「自分は今、何か他のものを思惟している」などと語ることすらできないであろう。そのことは、第三章で扱った「記憶の記憶」、「自己自身の記憶」といった事柄（『告白』第一〇巻）と呼応しており、それを「精神の三一性」という観点から捉え直し展開させたものとなっている。

　このように「精神の三一性」は、「自己を記憶し、知り、愛する」というかたちを有する。そこにあってはある意味で、「一性」が他の存在物におけるよりも次元の高い姿が顕現しているのだ。それゆえ、人間の知的意志的な働きによって、「生きている」ということの次元が動・植物に比して飛躍的に高まっているとも言えよう。

　精神の三一性はまた、「記憶、知性、意志」とか、「精神、知、愛」といった言葉によっても表わされる。その詳細は措くとして、とりわけ注目されるのは、人間におけるそれらの三一性が、かの「神的三一性」つまり「父、子、聖霊なる三位一体」を遙かに指し示す「似像」(imago)として捉えられているということである。従って、「精神の自己探究」は、取りも直さず「神探究」の第一の場であり対象となるのだ。人間のうちに見出される根源的かたちが、最もゆたかに神性の働きを宿し、かつそれを証示しているからである。

　しかし、右のような「精神の三一性」は、われわれの道行きにとって一つの素地であり基盤なのであって、その全き開花・成就(自己実現)はむろん将来に委ねられている。そこで、われわれの現実の姿として、改めて次のことが確認されよう。(i)、人間の魂・精神は、罪という死性(非存在のかたち)を、あたかも自由の負の可能性のように抱えている。(ii)、しかし、精神の三一性が「神的三一性のある種の似像」として存する限りで、われわれは真に「神の似像」になりゆくことへと定位されている。

　では、人間にとってのそうした最上の可能性は、いかなる仕方で、また何を根拠として開花し実現してくるのであろうか。が、このように問うとき、われわれは探究の重要な転回点に立たされるのである。

二　神の似像の成立構造

根拠への還帰

アウグスティヌスの探究にあって一つの大きな転回点を為しているのは、次の表現である。それは、「神の似像」、「存在の現成のかたち」の探究の終極的位相を示している。と同時に、それは探究の端緒たる「回心」の位相を、より普遍的に語るものでもあった。

精神の三一性というものは、精神が「自己を記憶し、知り、愛しうる」がゆえに神の似像なのではなくて、精神が「それによって創られたそのものをしも、記憶し、知り、愛しうる」がゆえに、神の似像なのである。精神がこのことを為すとき、知恵あるものとなる。しかし、もしそう為さないならば、たとい自己を記憶し、知り、愛しても愚かなのだ。従って、「その似像によって精神が創られたところの自らの神」をしも、記憶し、知り、愛するがよい。簡潔に言えば、創られざる神を崇めよ。精神はこの神によって、「神を受容しうるもの」として創られており、また「神に関与しうるもの」でありうるのだ。「見よ、神を礼拝すること（cultus Dei）が知恵である」（ヨブ二八・二八）と語られるゆえんである。（『三位一体論』一四巻一二章一五節）

このように言われるとき、知恵と知識とが峻別されている。「敬虔が知恵（sapientia）であり、悪から離れることが知識（scientia）である」（ヨブ二八・二八）という表現が、一つの典拠であった。要点のみ言えば、無限性（神）に心開かれた姿、つまり「敬虔としての知恵」に支えられ、またそれに収斂せしめられてこそ、諸々の知識も正しく秩序づけられよう。すなわち、有限なものについてのさまざまな知識、さまざまなわざは、この意味での知恵に何らか参与してゆく限りで、はじめて価値（善さ）を有するものとなるのだ。これはむろん、社会でどのような立場に生きる人にとっても、まずは肝に命じておくべきことであろう。

さて、先の引用文中、「それによって創られたそのもの」とは、創造の根拠たる神であり「神のロゴス」（ヨハネ一・三）である。そして、そうした根拠への還帰・転向ということが、神の似像の成立にとって本質的契機として語られているのである。[2]

それゆえここに至って、「自己を記憶し、知り、愛する」という「精神の三一性」は、もはや完結し閉じられた事実などではない。かえってそれは、「わたし・自己」のうちに根拠として働いている「超越的なもの」、「つねに現存するもの」（「わたしは在る」たる神）への還帰・回心（conversio）へと開かれてゆかなければならないのだ。平たく言えば、「自己の在ること」は、われわれにとって自明の事実ではなくて、どこまでも一つの謎・神秘なのである。

否定と浄化との契機

右のように、「神の似像」とはわれわれにとって、「それによって創られたそのもの」を、精神が「記憶し、知り、愛する」ことによって成立しうるという。ただ、そこに見落としえないのは、そうした無限なる根拠を精神が直接無媒介に捉えうるのではないということである。「神を見て、なお生きていることはできない」（出エジプト三三・二〇）からである。してみれば、「神の似像」にしても、次のように徹底した否定の道を介してはじめて、現に成立してくると考えられよう。

（i）まず、「それによって創られたそのもの（神のロゴス・言葉）を記憶する」とは、世のさまざまな事物、とくに権力、財、快楽、そして名声等々の像（記憶像）に執着することが、どこまでも否定され、かつ浄化されることを介して、はじめて生起しうるであろう。それはあるいは、そうした否定・浄化のわざそれ自身として生起しうるとも言えよう。

(ii) 次に、「それによって創られたそのものを知る」とは、同様に、さまざまな事物の形象・形相への執着が否定され浄化されることを介して、またそのこととして現に生起しうるであろう。つまりそれは、諸々の形相的限定が突破されて、無限なるもの(神的な知恵)へと秩序づけられてゆくことである。「神を拝することが知恵である」とされるゆえんである。

(iii) さらに、「それによって創られたそのものを愛する」とは、魂・精神の志向と愛が、世のさまざまな目的(有限な善きもの)への執着から能う限り解き放たれることを介して、現にこの身に具体化しうるであろう。

以上の三つの事柄は、相互に浸透し連関しつつ、全体として「精神のより善き三一性」を形成してくる。そしてそれは、超越的なもの、無限なものに向かってどこまでも開かれた「魂・精神の志向的かたち」を成り立たせると考えられよう。恐らくはそれこそが、勝義の「人間」にほかなるまい。

「在ること」と「善く在ること」

「根拠への還帰」とか「否定と浄化」とかいった事柄は、アウグスティヌスによれば、精神が「在ること」から「善く在ること」へと成就してゆくことのうちにも、やはり不可欠の契機として働いているものであった(『三位一体論』第八巻)。超越的善と人間的意志との微妙な関わりが、そこに潜んでいるのである。その際、まず問題となるのは、精神のうちに原初的に刻印されているものと自己との関わりである。

われわれのうちに善(bonum)そのものの知(観念)(notio)が刻印されていなければ、われわれが真に判断するとき、あるものを他のものよりも「より善い」など言えないであろう。そうした善の知にもとづいて、われわれはあるものを是認したり、他のものより優先したりするのだ。……それゆえ、この善、あの善ではなく、「善そのものたる神」が愛されねばならない。すなわち、「魂の善」が問い求められねばならない。が、われわれは、判断することによってそれを凌駕するべきではなくて、愛することによってそれに寄りすがるべきなのである。(『三位一体論』八巻三章四節)

これによれば、われわれが何であれさまざまなことを判断している以上、判断の根拠となる「善の知(観念)」が、精神のうちにとにかくも刻印されていなければなるまい。しかし、そのことは、精神が端的に「善い精神で在ること」(完成されていること)を意味しない。そこでアウグスティヌスは、「善い」「精神」と言う際の二つの言葉の結びつきについて、次のように素朴で正確な洞察を示している。

「善い精神(bonus animus)で在る」ためには、精神は意志を働かせなければならない。というのは、単に「精神で在ること」自身が何らか善いものでないからではなくて……精神が、「それによってより優れたものになるその意志(voluntas)の働き」が、なおも精神に〔発現しないまま〕残っているからである。確かに、精神が真摯に意志を働かせ、「善い精神」になるという場合、そのことは、精神が自己ならぬ何かあるもの(善)に向かって自ら還帰・転回してゆくことによらなければ生じえないであろう。(『三位一体論』八巻三章四節)

ここに明らかなように、精神が善い精神となるためには(つまり、人間本性が成就するためには)、自らのうちにいわば超越的に現存している善そのものに、意志によって還帰し回心してゆかねばならない。そして、とくに注目すべきは次の表現である。

> 諸々のものは、それらが善いもの（欲求・意志の目的）であるという以外の理由では愛されえないのに、「それらが善いものであるゆえんの善そのもの（bonum ipsum）」を愛さないならば、それは恥ずべきことである。……かくして、善い精神で在らんがために、「それによって精神で在ることを得たところのもの（根拠たる善）」へと還帰するのである。それゆえ、意志の還帰・回心（conversio）によって、かの善そのものが愛されるまさにそのとき、意志は自然・本性に適合して働き、その結果、精神は善において完成されることになろう。（『三位一体論』八巻三章五節）

この一連の文脈は、精神の「在ること」と「善いこと」との、そしてつまりは、存在と善との根本的関わりを見事に言い表わしている。その要となる問題点として、次のことを確認しておこう。

（i）「精神の在ること」はわれわれにとって、むろん所与のものである。しかも、その根拠たる善そのもの（神）から意志的背反によって離れ去るときにも、われわれは「精神で在ること」を全く失ってしまうわけではない。

（ii）しかし他方、「精神の在ること」は、「それによって精神で在ることを得たその根拠（善そのもの）」への意志の還帰・回心によって、「善い精神で在ること」を獲得し、自然・本性として開花し成就してくる。「意志は本性に適合して働く」とか、「精神は善において完成される」と言われるゆえんである。

言い換えれば、「精神の在ること」は（つまり人間は）、「善く在ることの成立」という動的構造においてこそ、充実した意味を持つ。とすれば、およそ「存在の問題」は、こうした「善への意志的な還帰」、そして「精神の善く在ることへの変容」といった事態に収斂するのであり、そこにこそ問題の中心的位相が存するであろう。そこで、元の文脈に立ち帰って、「神の似像の成立、あるいは再形成」についてのさらなる論点を吟味してゆこう。

神の似像の再形成――不断の創造――

われわれにとって「神の似像の成立」ということは、原初的な罪の意味合いを考慮に入れるなら、「再形成」という性格を有する。この点、アウグスティヌスは集約的な仕方でこう語っている。

この世的な欲望によって世に倣わされたあの醜いかたち（罪）から、主を想起させられて主に還帰・回心する人々は、「この世に倣わされることなく、むしろ精神の新しさをもって再形成されるよう心がけよ」（ローマ一二・二）という使徒の言葉を聞いて、主によって再形成される。かくして〔神の〕似像は、「それによって形成（創造）されたそのものによって」再形成されはじめるのだ。なぜならば、その似像は、自己のかたちを破壊することはできたが、同じく自己自身を再形成することはできないからである。（『三位一体論』一四巻一六章二二節）

ここには、「主（イエス・キリスト）の想起」ということが重要な契機となっている。すなわち、「罪人は自分の生を忘れるかのように神を忘れ、死（冥府）へ向かった」（詩編九・一七）とあるが、彼もまた、「神を想起せしめられたとき」、忘却していた生を想起するかのように主に向かって還帰するという。

その際、「主によって再形成される」とあるように、「神の似像の再形成」を成り立たせる働きそのものは、神の側にあると言わねばなるまい。しかし、再形成が現にわれわれの身に顕現してくるためには、主（つまり全き「神の似像」）を想起し、己れを無みしつつ主に聴従してゆくといった、人間の側の働きを必要とするのだ。とすればそこには、神的な働きと人間的自由の働きとの微妙な協働が認められよう(3)。

ともあれ、神の似像の再形成は現実のわれわれにとって、「神への背反」としての罪がその都度の具体的状況の中で否定され浄化されてゆく「動的かたち」として、時間的かつ歴史的に生起してくるほかないであろう。アウグスティヌスは、そうした「精神の更新ないし再形成」について、次のように洞察している。

この更新（再形成）は、洗礼における更新があらゆる罪の赦しによって一瞬のうちに生起するようには、自らの還帰・回心の瞬間に生起するのではない。……いわば、第一の治療は病の原因を取り除くことであるが、第二の治療は病そのものを現実に癒すことであって、かの〔神の〕似像の更新へと前進しつつ徐々に生じるであろう。……「われわれにあって外なる人間は滅びても、うちなる人間は日々新たにされる」（二コリント四・一六）と言われるゆえんである。（『三位一体論』一四巻一七章二三節）

ここに示されているように、「神の似像の更新・再形成」とは、あるとき完成して停止してしまうような出来事ではない。かえってそれは、無限なる善（神）に開かれ、脱自的に志向することによって、「より善きものになりゆく」という姿であろう。言い換えれば、「存在」は——それは万物の希求する「善そのもの」であり、「神の名」でもあったが——、この有限で可変的世界には端的に「存在」としてではなく、勝義にはただ、「善なる神をどこまでも志向し愛すること」として現出してくると言えよう。そしてそれこそは、くだんの「精神の三一性」、つまり「創造の根拠たる神のロゴスへと還帰しつつ、それを記憶し、知り、愛すること」の意味するところであった。

こうした根源的生成の場面では、いかなる客体的事物も一度び浮動化してくる。また、魂・人間という主体的存在も、そのまま同一の存在として措定されてはならない。むしろ、「神に心披き、愛しゆく」という動的かたちそれ自身が、「神（存在）を受容したかたち」であり、「神の顕現・受肉のかたち」でもあろう。「人間が真に人間として在ること」の意味は、まさにそこに存するであろう。

かくして、神の似像の再形成という事態は、超越へと開かれた脱自的な生成としてあり、それゆえにまた「不断の創造」という性格を有するのである。この意味で、アウグスティヌスの「神の似像」の探究を、存在論的ダイナミズムと呼ぶことができよう。

三　全一的交わりと他者——うちなるキリストの発見——

前節までの叙述では、他者の問題について表立ってはほとんど触れるところがなかった。しかし実は、あらゆる問題場面に広義の他者が関わっている。というのも、あらかじめ基本線を言うとすれば、「魂・人間の神への道行き」、そして「神の似像の再形成」といった事柄にしても、単に個人の内面に閉ざされたものではありえず、恐らくは——見えるかたちにおいてであれ、見えざるかたちにおいてであれ——、「自己と他者との全一的交わり（愛）」という姿で現出しうるからである。

そこでこの節では、そうした観点から他者の問題を主題として吟味してゆくことにしよう。それはひいては、全一的交わり・愛の成立根拠として、「うちなるキリストの現存」を見出してゆくことにもなるであろう。

身体・質料の復権

「神の似像の再形成」の道は、今一度言えば、「それによって創られたそのもの（神のロゴス）を、記憶し、知り、愛すること」、そしてまた、「善そのものなる神をどこまでも志向し愛すること」に存した。だがそれは、無限性の境位に一挙に没入することではなくて、あくまで「日から日へと」前進しつつ、絶えず新たにされゆくこととして捉えられている。それは、われわれがこの時間的世界に身体を抱えて生きている限り、不可避の様式であろう。

そこで、改めて注意すべきは、神の似像が新たに形成される場合、そこには、諸々の有限なもの（欲求の目的たる善きもの）の変容と再生の機微が秘められているということである。すなわち、あらゆる有限な善きものは——つまり、この世で欲求や愛の対象となるすべては——、それ自身としては究極の善ならぬものとして、あくまで否定され突破されなければなるまい。が、同時に、それらは、そうした否定を介するときには、ある種の浄化と変容を蒙り、神への脱自的な愛を構成するいわば「身体・質料」として甦るのである。従ってここに、「無限なる善（神）への超越」と「有限なるものへの還帰、甦り」とが、緊張しつつ、同時に働いていることになろう。

その際、神の似像を何らか宿す魂・人間は、浄化と変容を受けたさまざまなものによって、いわばより善く構成され具体化されてくると考えられよう。そのことをたとえば、「身体・質料の復権」と呼ぶことができよう。それは、身体性と時間性を担うわれわれが神的なものを宿し、真に存在に与りゆくための契機を指し示しているのだ。そしてこうしたことは、「他者とのより善き関わりとは何か」という問題につながっているのである。

全一的交わり——他者と絶対他者——

言うまでもなくわれわれは、知と意志との働きを介して他のもの、他の人とさまざまに関わっているが、そうした自己のうちには、広義の他者との関わりが多様な仕方で現存している。それはもちろん、単に五感を通しての直接の関わりだけではない。現にわれわれは、眼に見えないものや時空において隔たっているものとも、それぞれの仕方で関わっている。そこでわれわれのうちには、感覚的精神的な無数の要素が浸透し、また多くの人々の存在が——今在る人も、すでに亡き人も含めて——、微妙につながり合っているのである。

ただしかし、われわれは往々にして自らの欲求する対象に執着し、その自己をしも肯定しがちであって、何人もそうした傲りに陥る危険性から完全には免れていない。そして、傲りのもたらす罪とは死性であり、自己を自己から分裂させ非存在に傾けてしまう何ものかであった。

とすれば、自らがそうした分裂と罪のうちにありながら、なおも真に「他者とともに在ること」は、ほとんどありえないであろう。「罪の根源」たる傲り・傲慢が魂に宿されるとき、それは自己を真実の善（神）から引き離してしまう。従ってそこでは、「他者とともに在る」という際の、その「自己の在ること」が、すでに危うくされているのだ。実際、傲慢とそれに起因するさまざまの悪のうちにある限り、いかに人と親密な関わりを持っているように見えても、真に「他者を愛すること」、「他者とともに在ること」が成立しているとは言いがたい。聖書的伝統は、このような厳しい現実をわれわれに突きつけてくる。

総じて言えば、罪というものは、われわれを「神から」（つまり「真の存在と生命とから」）引き離し、そして「自己自身から」引き離し、ひいてはまた、「他者から」引き離してしまうであろう。従ってここに、「自己」と「他者」、そしていわば「絶対他者」という三者の不可思議な関わりが窺われるのである。

ではわれわれは、右のような分離と罪の姿からいかにして脱出し、人間本性の本来的な道に与りうるのであろうか。まず想起されるのは、その本来の姿が、とくに「エクレシア」（全一的交わり）という言葉で表わされていたことである。この点、体が多くの部分から成り立ちつつ、全体として一つの体であるように、神性（善性）の具体的顕現ということも、多様にして一なるかたちとしてあるという（ローマ一二・四―五、一コリント一二・一二―二〇）。そしてさらに、「エクレシアはキリストの体である」（エフェソ一・二三）と言われている。

ところで、エクレシア（ecclēsia）（ふつう「教会」と訳される）という言葉は、「呼ぶ」（kaleō）という意のギリシア語に由来し、古代ギリシアでは「市民集会」というほどの意味であった。しかし、ここでのエクレシアの意味するところは、魂・精神の根底に呼びかけている神に対して、自由に、より善く応答した人々の集いである。従ってそれは、古来の、時と処とを超えた、見えるかつ見えざる霊的集いであって、「神性の全一的交わり」、「愛の共同体」なのであった。

かくして、われわれの存在と行為が本来、こうした「神性の全一的交わり」への参与として真に「善きもの」となり完成しうるのだとすれば、逆に、われわれのいかなる悪しき思い、悪しき行為も、たといそれが人の眼には隠されているときですら、恐らくは神性のより善き顕現を何らか妨げていると言わねばなるまい。

この意味でわれわれの罪は、単に神との閉ざされた関わりには留まらず、むしろ神性の交わり（エクレシア）をともに形成してゆくべき他者におのずと関わっている。しかもそれは、恐らく自己と他者との魂の苦しみ（受苦）として現われてくるであろう。そのことは、われわれの通常の感情や意識を超えた、現実以上の現実である。

受苦と同苦

そのように、他者の苦しみや悲惨が自己の罪と無縁ではありえないということについては、アウグスティヌスに限らず、古来の聖人が一致して語るところであった。たとえばシエナのカタリナ（一三四七―一三八〇）は、教会の歴史上、アッシジのフランチェスコと並ぶ聖人であるが、その唯一の著作『対話』のはじめの部分で、鮮烈な祈りの言葉を発している。

> 永遠なる父よ、わたしの諸々の罪のゆえに、わたしこそが、世の隣人の蒙らねばならぬ罰の原因となっている。それゆえ、わたしに憐れみを下し、わたしのそれらの罪を罰したまえ。（『対話』第二章）

この透徹した言葉は、「受苦（受難）」（passio）と「同苦（共感）」（compassio）ということの中心的位相を指し示していると思われる。すなわち、苦しみが正しく受容されるとき、狭量な我意、我執が打ち砕かれようが、そこにおいて自らの受苦は、ある見えざる交わりにあって他者との同苦となるであろう。そしてさらに、そうした「受苦」＝「同苦」は、カタリナの言にあるように、他者の罪をしも自己の罪の罰として受容し、自ら担うに至るのである。

それは恐らく、人間に固有の力を超えたわざであろう。では、そのようなことはなぜ可能なのか、そして、いかなる力がそこに働いているのか。改めてこう問われるとき、神の子の「受難」と「高挙」という事態の「今、ここ」なる現存が、そこに根拠として見出されよう（フィリピ二・六―九参照）。アウグスティヌスはその間の機微を、次のようにけれんなく語り出している。

> あなたは、あなた自身のさまざまな苦しみ（受苦）を通して、キリストの全き受苦（受難）に与るべく苦しまなければならない。すなわち、われわれの頭として受難し、自らの肢体たるわれわれ自身のために苦しんだキリストの普遍的な受苦に与るべく、苦しまなければならない。われわれはそうした〔全一的な〕交わりのために、各々の量り（分）に従って自分の負うているものを報い、持っている力に応じて、いわば受苦の割り当ての量り（分）を捧げていかなければならないのである。（『詩編註解』六一編四節）

これによれば、われわれが他者（隣人）のために苦しみを担うとき、それがどれほど小さいわざであっても、われわれはキリストの普遍的な受苦（受難）に何ほどか与ることになろう。また、キリストの受苦はそれ自身、普遍的に現存しつつ、しかも、われわれの受苦が成立する根拠として働き、われわれの受苦というかたちとしてその都度「今、ここに」顕現してくると考えられよう。

また、「各人の量り（分）に従って」、受苦のわざを捧げてゆかなければならないというが、それは、各人の能力の比較などという有限な次元のことではなくて、それぞれの分に応じて神的受苦に与ってゆくという、いわば「神への類比的関わり」を示すものであろう。つまり、いかに小さな受苦のわざも、神の眼差しにおいては尊いと言えよう。なおアウグスティヌスは、次の一文ではキリストを主語とした語り口で、受苦の真相を説き明かしている。

「もし一つの肢体が苦しみを受ければ、すべての肢体もともに苦しみを受ける」（一コリント一二・二六）。あなたが今日苦しむならば、わたし（キリスト）も苦しみ、他の人が明日苦しむならば、わたしも苦しむ。今の世代の後、あなたの次の世代が苦しむならば、わたしも苦しむ。すなわち、世の終わりに至るまで、わたしの体（エクレシア）のうちにあって何人かが苦しむならば、わたしもまた苦しむのである。（『説教』一編三節）

このように、「エクレシアの頭」たるキリストの受苦（同苦）の働きは、「エクレシアの肢体」たる人の受苦のうちに、その都度、同時的に現存するであろう。言い換えれば、他者の苦しみを自らの苦しみとして担う受苦・同苦のわざは、たといそれが小さな目立たぬものであっても、キリストの受苦・同苦に何らか与るものとなろう。そして、そうした受苦・同苦の見えるかつ見えざる交わりが相俟って、「神性の全一的交わり」（エクレシア）を形成してゆくと考えられる。[4]

そうした真の同苦のうちにこそ、古来、幾多の有名無名の人々が共通して生きた「聖なるかたち」が認められよう。それはいわば、無量の没我のうちに聖霊が注がれ、人間に能う限り全き仕方で神性の受容された姿であった。彼らはそのことを身をもって証しし、すべての人々をその境位に招いているのである。

うちなるキリストの発見

さて、右に問いたずねてきたところによれば、「神の似像の形成」（人間本性の開花・成就）の道は、（ⅰ）、無限なる根拠（神性、善性）への「精神の還帰と超越」、

（ⅱ）、「他者との全一的交わり」（エクレシア）の顕現、という二つの事態から成るものであった。これら両者は相互に関わりつつ、内実としては一つのこととして成立するであろう。そして、その根底に見出されてくるのが、「自己否定」と「同苦」という契機であった。

既述のように、現実の人間には「悪しく意志すること」という罪の可能性が、いわば「自由の負の可能性」として伴っている。それは、「万人が罪人である」ということの内的な意味でもある。とすれば、端的な自己否定などということは、原理的に言って、人間・自己に固有な力の能くするところではないであろう。

しかし、それにもかかわらず、「自己否定」や「同苦」のわざが現実にそれぞれの人に生起したとき、そこには、その根拠として、人間固有の力を超えた神的な力が働いているであろう。すなわち、われわれのうちで「悪しく意志すること」が何らか無みされ、「善く意志すること」が発動したとき、そのことは――それがどれほど小さな秘められたものであろうと――、それ自身に先んじて現前しているようないわば「絶対の自己否定（自己無化）」を、自らの成立根拠として指し示しているのだ。そうした根拠の現前がなければ、恐らく意志は正しく発動せず、われわれは未だ罪という死性、非存在の境に留まるほかないであろう。

ここに窺われてくる「絶対の自己否定」は確かに、かのロゴス・キリストの「受肉、受難、そして復活」という事柄のうちに告知されてきたとされよう。だが、それは同時に、今、ここなる「根源的な出会い」、「根拠への還帰・回心」という経験の根底にこそ見出されるべきものと言わねばなるまい。そして、そうした根拠の現前が自己自身のうちに新たに発見されることを通して、われわれ自身がこの有限な地において、「神（在りて在る存在）の現成」のための器とも場ともなりうるであろう。

ところで、「ロゴス・キリストの受肉」（ヨハネ一・一四）とは、人間という姿での端的な「神の現成」であるとともに、自己否定の極みであり範型であった。このことについてはむろん、聖書に数多くの証言が存するが、代表例の一つとしてパウロは次のように語っている。

キリストは本性的に神のかたちでありながら、神と等しいものであることに固執しようとはせず、かえって己れを無化して、しもべのかたちを取り、人間に似たものとなった。すなわち人間の姿で現われ、己れを空しうし謙って、死に至るまで、それも十字架の死に至るまで従順であった。それゆえ、神はキリストを高く挙げ、すべての名に勝る名を与えたのである。（フィリピ二・六―九）

キリストの受肉、受難、そして復活（高挙）を語る有名な言葉である。それは、永遠と時間とが交錯したような、未曾有の出来事を意味している。それゆえそれは、ありきたりの時間的客体的事実ではなくて、すぐれて信・信仰の表現であった。しかし、とりわけ注意すべきは、それが、根源的出会いの経験にもとづいて見出され、発語されたということである。その経験とは、先に述べたこととの連関で言うなら、罪の姿を無みする「自己否定」と「同苦」の働きに促されて、「善く意志すること」、「善く生きること」へと敢然と踏み出しえたことである。

してみれば、使徒なら使徒のそうした根源的経験は、そのうちに現前している「自己否定、自己無化」の範型的働きを証示していると考えられよう。従って、「ロゴス・キリストの受肉存在」は、かかる自己否定の範型的働きの「源泉・主体」として、人間的経験の内奥から遥かに指し示されるのである。

かくして、「ロゴス・キリストの受肉」ということは、およそわれわれにとって、己れの「在ること」の根底が貫かれ、脱自的な愛へと促された経験の中から、何らか新たに発見されかつ生きられるものとなろう。

もとより、「ロゴス・キリストの受肉」という教理（ドグマ）については、さらに問いたずねるべきことが多く残されている。ただ、その神学・哲学的な意味は、後に第二部の最終章において、改めて詳しく吟味・探究することにしたい。ここでは、アウグスティヌスが「神の似像の再形成」を論じた文脈の末尾に語っている言葉を引いて、ひとまずの締めくくりとしたいと思う。

〔パウロによれば〕「われわれは今は、鏡を通して見ているが、かのときには顔と顔とを合わせて〔神を〕見るであろう（一コリント一三・一二）。……そして、栄光から栄光へ、あたかも主の霊によるかのように、主と同じ似像に変容せしめられるであろう（二コリント三・一八）」。……そして使徒ヨハネも、「主が現われるとき、われわれはそのあるがままの姿を見るがゆえに、主に似た者となるであろう」（一ヨハネ三・二）と言う。ここから明らかなように、神の全き直視（visio Dei）に達するとき、〔われわれのうちなる〕この神の似像において、主との全き類似が生じるであろう。……それはつまり、われわれが御子（キリスト）のごとく不可死的な身体を有するであろうということにほかならない。しかし今は、われわれはその同じ似像を、未だ直視・知においてではなく信（fides）において、また事実においてではなく希望（spes）において、この身に担いうるのである。（『三位一体論』一四巻一七章二三節―一八章二四節）

悪霊に取りつかれた人を救うシエナのカタリナ、
シエナ、サン・ドメニコ教会、16 世紀

第二部　東方・ギリシア教父

――ニュッサのグレゴリオスと証聖者マクシモス――

第二部においては、東方・ギリシア教父の伝統を取り上げる。それはすでに言及したように、二世紀から八世紀中葉に及ぶ大きな思想潮流であり、西洋全体の思想的源泉であった。と同時に、それは、時代、民族、風土などのさまざまな異なりを超えて、われわれにとっても、つねにそこに立ち帰っては魂の糧を得てゆくべきものとして、今日なおも凌駕しがたい「人類の古典」である。

ただ東方教父の伝統は、いわばヒマラヤの連山のように、各々の時代に大きな思想的峰々が連なっている。そこで本書では、それらの全体を単に概観するのではなくて、中期と後期との代表者として、とりわけニュッサのグレゴリオス（Gregorius Nyssenus 三三五頃―三九五頃）と証聖者マクシモス（Maximus Confessor 五八〇頃―六六二）とを択び、それぞれの文脈によりつつ、およそ人間と神とに関わる中心的主題を吟味し探究してゆくことにしたい。（なお、第二部の第三章までは、主としてニュッサのグレゴリオスに即して、また第四章以降は、証聖者マクシモスに即して論を進めることにする。）もとより以下の論述は、第一部のアウグスティヌスについてのものと根源を同じうしており、論点として重なる部分もあるが、東西の教父的伝統の多様にして一なる探究を見つめ、改めて問題の基本的動向を問い進むものとなろう。

ちなみに、現代には現代のさまざまな問題が山積し、それらがときに地球的規模に拡がっていること、言うまでもない。しかし、そのような時代状況であればこそ、改めて自らの「魂の気遣い」に眼を向け、古の師父たちの指し示す「神への道行き」、「自他の全一的な交わり、愛」といった境位を問いたずねてゆくことが、われわれにとって肝要であろう。

第一章　愛の傷手

具体的な論述に入るに先立って、まずニュッサのグレゴリオスの生涯と歴史的位置について、簡単に見定めておこう。

ニュッサのグレゴリオスは、大バシレイオス、ナジアンゾスのグレゴリオスとともに「カッパドキアの三つの光」と称えられる人で、「教父中の教父」とも呼ばれる。小アジアのカッパドキア地方の町カエサレアに生まれたという。カッパドキアはとんがり帽子状の奇岩が一面をおおう秘境であるが、三世紀頃から多くのキリスト教徒が洞窟に住んで、修道生活を営むようになった地である。

グレゴリオスの家系は幾人もの聖人を生んでおり、中でも兄のバシレイオス（三三〇頃―三七九）、長姉のマクリナは、ニュッサのグレゴリオスに大きな霊的感化を与えた。また祖母のマクリナは、オリゲネス（一八五／六―二五三／四）の弟子グレゴリオス・タウマトゥルゴス（二一三頃―二七〇／五）の薫陶を受けたという。若き日、グレゴリオスは一時修辞学の教師を務めたが、朋友ナジアンゾスのグレゴリオス（三二九／三〇―三八九／九〇）に促されて、より静謐な学と修道との道に入った。三七一年頃、兄バシレイオスの薦めで、カッパドキアの町ニュッサの司教となる。後にアレイオス派の皇帝ヴァレンスによって追放されたが、その死後復帰した。第三回コンスタンティノポリス公会議（三八一年）では、ナジアンゾスのグレゴリオスとともにニカイア信条（三二五年）の謳う三位一体の教理の確立に寄与するところ大であった。とくに聖霊の神性をめぐる問題に主導的役割を果たした。

グレゴリオスはそれ以後、自らの本来の資質と召命に忠実に、カッパドキアの地で観想と修道との生を営んだ。本書で扱う『雅歌講話』や『モーセの生涯』といった作品は、そうした修道的交わりの所産であって、人々の間で朗読され霊的な歩みに資することになる。著作としてはほかに、『大教理講話』、『処女性について』、『キリスト者の生のかたち(キリスト教綱要)』、そして『完全性について』などがある。

総じて言えばニュッサのグレゴリオスは、アレクサンドリアのクレメンス(一五〇―二一五頃)とオリゲネスとのアレクサンドリア学派の伝統を継承し、存在論的ダイナミズムとも呼ぶべきかたちに展開し開花させた。それゆえ、その活躍した四世紀は、西方・ラテン世界でのアウグスティヌスと相俟って、「教父の黄金時代」とも言われる。そして、グレゴリオスにおいて一つの完成にもたらされた東方・ギリシア教父の哲学・神学および霊性の伝統は、その後、擬ディオニュシオス・アレオパギテース(恐らく六世紀はじめ、シリアの修道者)のいわゆる否定神学的営みを経て、証聖者マクシモスにおいて一つの集大成を見ることになるのである。

一　愛智の発動

「愛の傷手」の経験

「愛智の道行き」(知恵を愛し求める営み、つまり広義の哲学)(philosophia)とは、教父の伝統にあっては、「神学」(往時の意味合いでは「神を美しく称えること」)(theologia)であり、また「神への道行き」であった。そうした愛智が発動してくる機微について、ニュッサのグレゴリオスはとくに旧約聖書『雅歌』の言葉に注目し、根本的な洞察を示している。

わが恋人よ、見よ、あなたは美しく、真実に華やぎのとき。
わたしたちの床に影を投げかける。……
わたしをぶどう酒の倉に連れていって下さい。
わたしの上に愛（agapē）を秩序づけて下さい。
香油でわたしを力づけ、りんごの実で支えて下さい。
わたしは愛の傷手を受けているのですから。（雅歌一・一六、二・四―五）

『雅歌』の花嫁（ないし許嫁）は、こうした切ない言葉で花婿に対する恋慕の情を表白している。しかし、花婿の方は、自らの「愛の矢」によって花嫁の心を射抜いて、姿を隠してしまっている。それゆえ花嫁は、いっそう花婿への愛に駆り立てられるのだが、それはいわば、決して満たされ切ることのない「無限なる愛の渇望の姿」であった。

ところで『雅歌』とは、ふつうにはイスラエル民族に古くから伝えられた恋愛詩（相聞歌）であり、それ以上のものではないように見える。なぜそうした文書が殊更『聖書』に含まれているのかと言えば、そのうちに人間の「神への道行き」の謎・神秘が秘められていたからである。ユダヤ教のラビ（師）のある人々は、恋愛詩の類を聖典の中に取り入れることに反対であったが、それは、頭の固い狭量な態度であった。それゆえ『雅歌』は、表面の字義的な意味を遙かに超えて、神と人との不可思議な愛の交流を表わした書物として聖書に取り入れられることになる。実際、ユダヤ教とキリスト教の古い伝統は、『雅歌』の表現のうちに、「花婿たる神」と「花嫁たる人間」との「愛の交流の秘義」を読み取り、最も深淵な内容を含んだ書として受けとめてきたのである。

そのように『雅歌』を霊的かつ象徴的に解釈する伝統は、キリスト教教父たち、とりわけ、オリゲネスを経てニュッサのグレゴリオスに典型的な結実を見た。そうした伝統はまた、西方・ラテン世界では、ベルナルドゥス（クレルヴォーのベルナール）（一〇九〇頃―一一五三）、エックハルト（一二六〇頃―一三二八頃）やドイツ神秘主義、さらにはスペインの十字架のヨハネ（一五四二―一五九一）などに対しても影響を与え、いわば西洋精神史の奥深い底流を形成しているのである。

さて、ニュッサのグレゴリオスによれば、花婿（＝神）の「愛の矢」に射抜かれたとき、花嫁（＝人間）は「愛の傷手」を受けた。が、そのとき花嫁は、己れ自身を超え出て花婿をどこまでも愛し求めてゆく。それは、およそ人間が、魂の根底における出会い（カイロス、瞬間）において愛に貫かれ、脱自的な愛に促された姿であろう。その際、注意すべきは、愛に貫かれた経験は確かさを有しているが、花婿たる神（ヤハウェ、テオス）が外なる客体的対象として知られているのではないということである。つまりそこには、次のような緊張が漲っているのだ。

（i）神はその実体・本質（ウーシア）としては、どこまでも「知られざるもの」、「無限なるもの」であり、「超越の極み」と言うほかはない。

（ii）しかし他方、神はその働き・活動（エネルゲイア）としては、万物のうちに働き、支えかつ生かしている。すなわち先の言葉で言えば、神は「愛（アガペー）の矢」（神的働きないし霊）によって、とりわけ人間を貫き、無限の愛に駆り立てている。そしてそのことは――神の存在（実体そのもの）は不可知だとしても――、確かな経験として語られているのである。[1]

経験から、その根拠へ

右のことからして、神とは、われわれの内奥に働いて、自己自身の根拠への問いをどこまでも促してくる何ものかであろう。そして、超越的な働きによって愛に駆り立てられた経験自身が、根拠たる存在を指し示しているのである。従って、癒され切ることのない「愛の渇望」に促された花嫁（＝人間）の姿は、「愛智の道行き」（哲学）の発動の姿でもあることになろう。ただし、この場合の愛智とは、何か特定の学問としての哲学である以上に、すべての人が歩みゆくべき道であり、超越的根拠たる神への道である。

ちなみに、一四世紀の後期スコラや近・現代の大方の思想的枠組にあっては、神学と哲学、そして諸学が多分に分離し、それぞれ独立の領域を形成してくる。その際、神に関する事柄、とくに受肉、受難、復活、そして三位一体等々の問題が論理的哲学的探究の外に祭り上げられるようになる。その結果、「神学」と「哲学（倫理学）」の意味が著しく狭まって、両者が相容れないものと看做されてしまうのだ。しかしそこには、「神」や「信仰」などに対するある種の前提（ないし先入見）が潜んでいる。それはまた、人間本性が神的存在に関与してゆく道に対して、何らか諦め、開き直り、あるいは無関心といった態度ともなるのである。

ところで、神的な「愛の矢」に貫かれるなどということは、ふつうわれわれの経験しえない特異な出来事と思われるかもしれない。しかしそれは、より一般的に言うなら、何であれ「驚きや感銘を受けたこと」、あるいは「心の琴線に触れたこと」のうちに、何ほどか見出されるであろう。人との出会い、自然や芸術作品との出会いなど、状況はさまざまであろうが、それが真に心動かされるものであるとき、その根底に何が働いているのであろうか。少なくともそれは、自己に属するものであるとともに、自己を超えた超越的な働きだと言わねばなるまい。

そこで端的に言うなら、そうした超越的な働きに触れた経験から、その働きの源泉（主体）として、「神の名」が指し示されることになろう。この意味では、「神」（という語）はまずは、「働きの名」であり、「経験の名」なのだ。[2] かくして、「根源的経験から、その根拠へ」という方向が、およそ愛智の、そして「自己探究＝神探究」の基本となるであろう。

二　自己還帰的構造

「原因＝目的」なる存在

右に述べたように、花嫁（人間）において広義の愛智の道が発動したとき、そこには一種の円還的自己還帰的な構造が漲っている。すなわち、花嫁が「わたしは愛の傷手を受けている」ということは、グレゴリオスにあって次のような事態として解釈されている。

おお美しき傷、甘美なる傷手よ、そこを通って生命は、その矢でできた傷口をあたかもそれが扉や戸口であるかのように、自分のために開けて入ってくるのだから。真実に花嫁が愛の矢を受けるや否や、弓矢の射撃は直ちに婚姻の喜びに代わってしまう。……そして、以前は弓の的であった花嫁は、今や自分が、左右の手で弓矢をつがえている射手の手の中で矢となっている姿を見るのである。（『雅歌講話』一〇五―一〇六頁）

ここに、「弓の射手は愛であり」、しかも「神は愛である」（一ヨハネ四・一六）という。従って、次のことを読み取ることができよう。

「愛の矢」で魂を貫き、「愛の傷手」をもたらせた原因（花婿なる神）は、同時にまた、魂が己れのすべてを挙げて志向し愛しゆくべき目的（終極）でもある。この点、「同じ神が、われわれの花婿でありかつ射手であって、花嫁であり矢である浄められた魂と交流する。彼は矢としての彼女を美しき的へ向け、花嫁として不滅の永生に与るように彼女を引き寄せる」と言われている（『雅歌講話』一二九頁）。その際、原因（根拠）が同時に、目的（終極）でもあって、そこにはある種の円環的自己還帰的な構造が漲っているのだ。つまり、根源の愛に促された人間は、自らの存立根拠の働きに応答し、かつそれに与るべく還帰してゆくのである。
しかしその道は、有限で可変的なわれわれにとって、どこかで一挙に完成し停止してしまうようなものではありえない。かえってそれは、恐らく絶えざる上昇と還帰の道なのだ。それゆえ、人間とは本来、「原因=目的」なる超越的存在（神）へと、どこまでも開かれ定位された何ものかだと言わねばなるまい。

神の内的現存

今一つ注意すべきは、その名に値する愛智が発動したとき、その姿には、「原因=目的」なる存在の働き（愛）が現存し漲っているということである。その際、己れの「在ること」の基底がいわば突破されているとも言えよう。とすれば、そこにあっては、自分が存在していることよりも、自らが愛によって貫かれ、脱自的な愛に促されたことの方が、ある意味で確かさを有している。

この点すでに言及したように、デカルトの場合、「わたしは思惟する、それゆえわたしは在る」として、「思惟する自己（思惟実体）」の確実性が主張された。それとあえて対比すれば、ここでは「わたしは己れを超えて愛する」という脱自的志向的な愛（動的かたち）が、静止した「自己の在ること（実体的自己）」よりも、いわば存在論的に先んずるのである。そこで、改めて次のことを確認しておこう。

（i）　花嫁（およそ人間）を無限なる愛へと突き動かした原因（根拠）は、同時に、その志向し愛しゆく目的（終極）でもある。そうした「原因=目的」なる存在を志向的に「神」と呼ぶのだ。そうした神は、どこまでも「知られざる超越」に留まるが、脱自的愛が確かさをもって、神を指し示している。

（ii）　神はこの有限な世界のどこにも、それ自体としては現われない。が、神は、いわば「神を愛する者」というかたちで現出する。すなわち、「神の愛を受容し宿した姿」が「神の愛の現存」を証示し、さらにはその愛の主

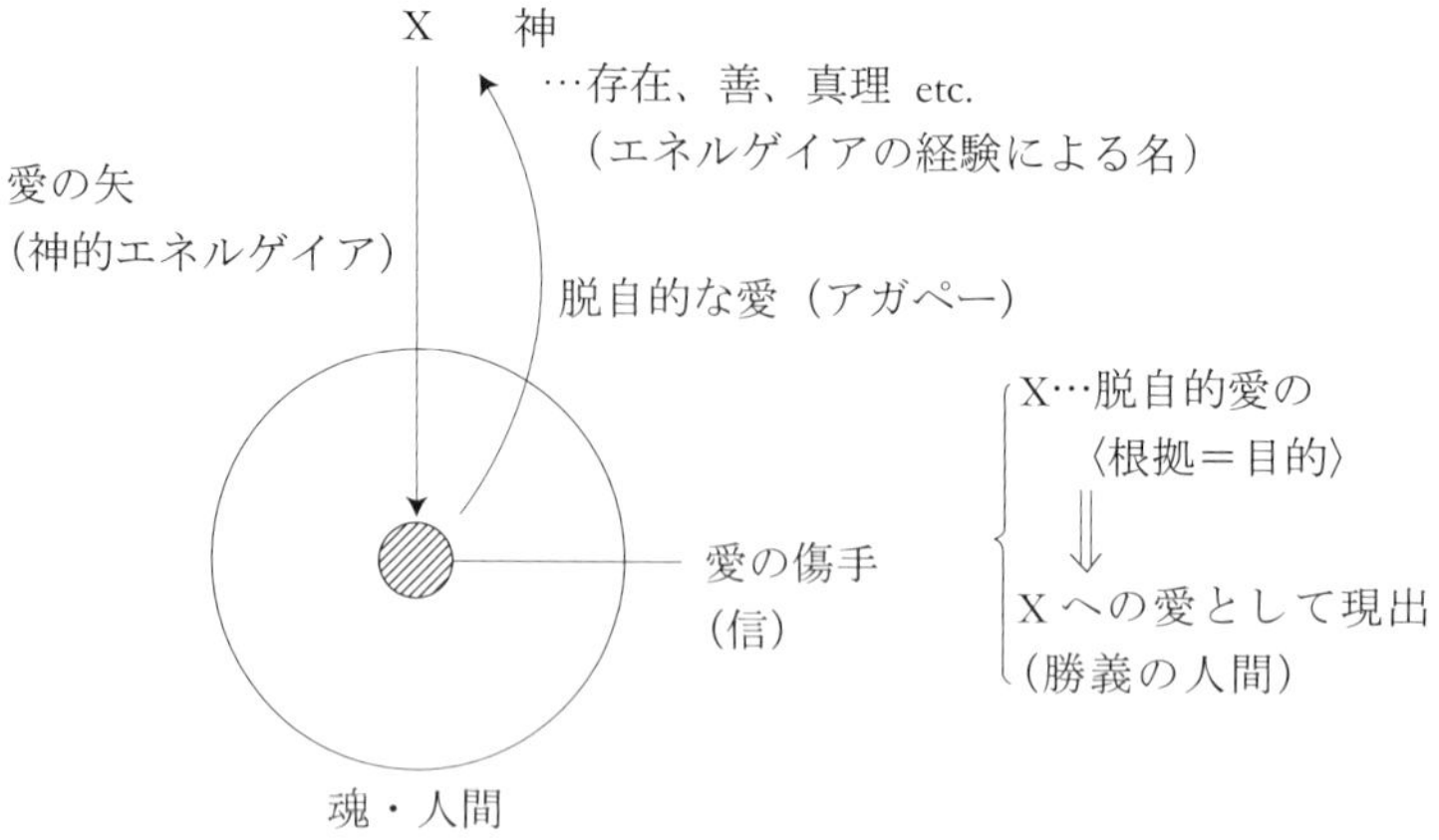

体たる「神の存在」（不可知なる超越）を遙かに指し示しているのだ。神のエネルゲイア（働き、活動）の経験が、神のウーシア（実体・本質）を指し示していると言ってもよい[3]。

このことは、われわれにあっても心の琴線に触れる驚き、出会いなどの経験のうちに何ほどか観取されよう。つまり、われわれが超越的な働き（エネルゲイア）に対して透明となり、純化されるならば、われわれもまた、「愛の傷手」を受けて花婿への愛に促された花嫁の姿に、多少とも似た者となるであろう。以上のことを仮に図示すれば、上のようになろう。

愛とは余りに射程の大きい言葉であり、「神の名」であった。が、多くの場合われわれは、はじめの純粋な経験に留まりえず、さまざまな欲望や執着、そして傲りが、愛というものに混入してくる。そしてそこから、悪しき思い、偏見、虚栄、妬み等々が生じてくることになる。

従って、後に述べるように、われわれにとって「人間本性の開花」、「神への与り」の道行きは、自らの頽落・罪の姿を「少な少なと否定し浄化してゆくという否定の道」を取らざるをえないであろう。このことは実は、身体というものの意味づけに深く関わっている。これについては後の探究に委ねるが、一言だけ問題の所在を示唆しておく。

ヘブライ・キリスト教、そして教父の伝統にあって、身体（肉体）や質料は古代ギリシア的伝統とは異なり、単に副次的で脱ぎ捨てるべきものではなかった。かえって身体（ないし身体性）は、魂・人間が「より善きかたち」に変容してゆくための素材ないし器として、重要な役割を担っている。それゆえ、身体を排除した魂のみの完成（救い）という見方は、逸脱と看做されるのだ。（それは極端になると、いわゆるグノーシス主義やマニ教などの虚偽に傾く。）

そこで教父たちにあっては、一つの見通しとして言うなら、「身体性」や「時間性」（ないし「動性」）は、魂・人間の自然・本性が神的本性へと開かれ、それに与りうるというその「変容可能性」をしも担うものとして、不可欠の契機を為していると考えられよう。

三　信・信仰の志向的かたち

「信ないし信仰（pistis）とは何か」ということは、むろんキリスト教の文脈のすべてに関わる。それは本書の全体でもって答えてゆくべきことであるが、これまでの叙述から、さしあたり次のように捉えることができよう。信・信仰とは、先の文脈での「愛の傷手」なる姿であろう。すなわち信とは、魂・人間が神的な働き（愛の矢）を蒙り、現にそれを宿したかたちである。実際、聖書にこう言われている。

信仰とは、希望されているものの何らか現前した姿（ヒュポスタシス）であり、見られぬものを真実とすることである。（ヘブライ一一・一）

このように信・信仰は、およそ人間が神的働きに貫かれた「出会いの確かさ」を有している。従って、真にその名に値する信とは、しばしば誤解されるように何か不条理な教理を闇雲に抱え込んだものではなく、また恣意的で不確かなものでもない。人間・自己の存在をいわば局外に措定した上でのそうした見方は、それ自体がある種の偏見と前提を抱えていると言うべきであろう。

ただこのことは、「神など信じない」と言う人にとってだけでなく、「信じている」と言う人にとっても、やはりつねに逸脱の危険性として潜んでいる。もしわれわれが「信仰を持っている」と自称しながら、神的働き（エネルゲイア）に聴従せず、他者を蔑したり妬んだりするならば、その信は名ばかりのもの、生命なきものであろう。とすればわれわれは、自己自身の存立の根拠へと、絶えず己れを無みし超え出てゆかなければならない[4]。でなければ、恐らく信というものも、多分に根拠から切り離されたものとなり、枯渇してゆく恐れがあろう（ヨハネ一五・一―六）。信とは本来、人間の単なる所有物などではなくて、自らの「在ること」の根拠へと絶えず心披き立ち帰ってゆくような、「愛（アガペー）として働く」（ガラテア五・六）のである。そして、パウロはこう語っている。

われわれは信によって〔この世を〕歩んでゆくのであって、〔神の〕直視（知）によってではない。（二コリント五・七）

これは確かに、全探究の一つの規範ともなる表現である。神の超越性という絶対の条件のもとで、信・信仰とは、「神の働きないし愛を受容し宿したかたち」であり、不完全ながら「神の何らかの知」なのだ。あるいは信とは、「神の霊（プネウマ）を受容した姿」だと言ってもよい。（なお、この文脈では、神のエネルゲイア、アガペー、そしてプネウマは、内実としてほとんど同じ意味合いを有する。）

かくして信は、自己の、そして神の真実の探究の端緒となりうる。それは本来、閉ざされた特殊な教理に属するものと看做されてはならない。むしろ信とは、人間・自己の根底に働く超越的働きに対して、改めて自由に聴従し、それを何ほどか宿したかたちなのだ。そして、この意味での「信という魂のかたち」は、それが神的働き（神的霊）を何らか宿したものである限りで、真の「自己探究＝神探究」の場とも対象ともなるのである。

第二章　神名の啓示と自己超越

人は誰しも、かけがえのない「わたし・自己」を担って生きている。が、その「わたし」とは、ヘブライ・キリスト教の伝統にあって、実は「神の名」に通じる。というのは、「わたしは在る（在らんとする）」が、まさに「神（ヤハウェ）の名」として啓示されたからである。ただ現実のわれわれは、むろん全き同一性を保持した存在ではありえず、その本性上、生成変化と動きのうちにある。しかしそれにもかかわらず、「わたしは在る」が神の名であるとすれば、われわれはすべて自らの根底に一つのアポリア（難問）、謎を抱えていることになろう。

ニュッサのグレゴリオスは、くだんの『出エジプト記』の一連の箇所を最も深く解釈した人の一人であった。『モーセの生涯』というグレゴリオス晩年の著作は、『雅歌講話』と並ぶ珠玉の作品であるが、その中でグレゴリオスは、『出エジプト記』に記されたモーセの生涯の足跡を単に外的な歴史記述として見るのではなくて、表面の字義に秘められた霊的象徴的意味を観想し、ゆたかに語り出している[1]。

そこにあって、イスラエル民族の偉大な指導者モーセは、すべての人の歩むべき人生の道を普遍的に体現した人として捉えられている。実際、その書の副題は「モーセの生における徳（アレテー）について」となっており、グレゴリオスはモーセの生そのものに、魂・人間の徳（善きかたち）の範型を見ている。それは、人間の「神への道行き」を示すものであった。そしてその際、旧約のテキストは、いわば「新約の言葉」、「ロゴス・キリストの光」の中で、時と処とを超えて同時性において受けとめられ、観想されているのである。

一　神（ヤハウェ）の名の啓示――存在への問い――

旧約聖書に記されたモーセの生涯は、大別して次の四つの契機から成り立っている。

（ⅰ）シナイ山における神名の啓示
（ⅱ）紅海（葦の海）の奇蹟に象徴されるような、イスラエル民族のエジプト脱出
（ⅲ）闇のうちなる再度の神の顕現
（ⅳ）十戒の授受、幕屋や祭司制などの制定

これら一連の出来事はグレゴリオスにあって、ときに恣意的と見えるほどに極めて霊的かつ象徴的に解釈されている。それらの内容をあらかじめ提示しておくとすれば、それぞれ次のようになろう。

（ⅰ）神的働き（現存）に促された「愛智の発動」
（ⅱ）悪しき欲望や情念からの脱出
（ⅲ）超越的存在（神、善そのもの）への絶えざる伸展・超出（エペクタシス）
（ⅳ）世界と他者への還帰、および「全一的交わり（エクレシア）」の成立

これらのことはすべて、時代、民族、風土などを超えてわれわれの生に実現さるべきこととして捉えられている。しかもそれらは、必ずしも別箇の出来事なのではなくて、恐らくは重層的につながりつつ、全体として一つのこととして生起してくると考えられよう。

「わたしは在る（在らんとする）」なる神の名

そこでまず、「神名の啓示」についてのグレゴリオスの解釈を取り上げる。それは「旧約聖書の心臓部」とも言われる有名な箇所であるが、その主要部分を挙げておこう。

モーセはあるとき羊の群れを荒れ野の奥へ追ってゆき、神の山ホレブ（シナイ）に来た。そのとき、柴の間に燃え上がっている炎の中に主の御使いが現われた。彼が見ると、見よ、柴は燃えているのに燃え尽きない。……神は言われた。「ここに近づいてはならない。足から履物を脱ぐがよい。あなたの立っている場所は聖なる土地だから。」神は続けて言われた。「わたしはあなたの父の神である。アブラハムの神、イサクの神、ヤコブの神である。」モーセは神を見ることを恐れて、顔を覆った。主は言われた。「わたしはエジプトにいるわたしの民の苦しみをつぶさに見、追い使う者のゆえに叫ぶ彼らの叫び声を聞き、その痛みを知った。……わたしはあなたをファラオのもとに遣わす。わが民イスラエルの人々をエジプトから連れ出すのだ。」……モーセは神にたずねた。「……彼らに『あなたたちの先祖の神がわたしをここに遣わされたのです』と言えば、彼らは『その名は一体何か』と問うに違いありません。彼らに何と答えるべきでしょうか。」神はモーセに、「わたしは在る。わたしは在るという者だ」と言われ、また「イスラエルの人々にこう言うがよい。『わたしは在る』という方が、わたしをあなたたちに遣わされたのだと。」（出エジプト三・一―一四）

この文中、『新共同訳』で「わたしは在る。わたしは在るという者だ」と訳されている原語は、〈ehyēh asher ehyēh〉というヘブライ語である。そしてそれは、〈ego eimi ho ōn〉（七十人訳・ギリシア語旧約聖書）、〈ego sum qui sum〉（ウルガタ・ラテン語聖書）などと訳された。この一句こそは古来、ユダヤ、ビザンティン、ラテン、アラビアといった諸伝統が死力を尽くして格闘してきた表現であった。

ギリシア語表現をそのまま訳せば、「わたしは在るところの者で在る」（英語では〈I am who I am〉）となる。が、生成・動態を重んじるヘブライ語の感触としては、「わたしは在らんとする者で在らんとする」とも訳されている。それはいわば、脱自的自己超出的動性を示すものであった。神（ヤハウェ）の名はまた、単に「わたしは在る（在らんとする）」とも語られている。こうした神名は、確かに不思議な語り口であるが、そこには、通常の「在るもの（存在物）」の根底を貫き、またとくに「わたし・自己」に謎かけるような神的力が現前しているであろう。

ニュッサのグレゴリオスがこの「神名の啓示」を解釈した方向は、あらかじめ言えば、己れ自身を限りなく超出してゆく動的構造を注視するものであった。その際グレゴリオスはギリシア語で思索しているのだが、内実としては、生成・動態を重んじるヘブライ的伝統の中心的位相を担い切っているのだ(2)。

従って、グレゴリオスの愛智の文脈には、ヘブライとギリシアという二大思想潮流が、ギリシア語での言語表現において出会いかつ格闘した姿が認められよう。そして、その緊張と格闘とが険しくまた根源的なものであったからこそ、そこに形成されたものは極めてゆたかな内実を有しているのである。

神名の顕現における否定の契機

先の引用にあるように、モーセは燃える柴における「神の顕現」に与りゆこうとしたとき、足から履物を脱ぐよう命じられた。それはグレゴリオスによれば、以下のような象徴的意味を有する。そこには、「存在」（神の名）の把握に関する徹底した否定の契機が含まれているのだ。

神の命令に背くことによって裸にならしめられたそのはじめから（創世三・一―一三）、人間の自然・本性（physis）には、死すべき地上的な皮膚の覆いがまつわりついている。それゆえ、その覆いが魂の歩みから取り除かれなければ、われわれはかの高みに登ることはできない。そうした浄化が生じるとき、真理（alētheia）の知がそれに続いて結果し、自らをあらわにする。なぜならば、存在の知は、非存在をめぐる把握が浄められることとして生じるほかはないからである。（『モーセの生涯』II・二二）

神（ヤハウェ）の名は端的には、「わたしは在る」であった。グレゴリオスはそれを敷衍して、さらに「真実の存在は、自らの本性によって〈在ること〉を有する」と言う。それに対して非存在とは、「単に見かけだけで存在しているに過ぎず、自らの本性としては何ら自存していないもののことである。」そして神の顕現にまみえたモーセは、「感覚によって把握されたものや思惟によって観られたもののうちいかなるものも、真実には存在していないことを思い知らされた」という（『モーセの生涯』II・二三―二四）。

そこでグレゴリオスは、神を「万物の存在の原因」、「真に存在するもの」、そして「つねに同一なるもの」などと呼んでいる。しかしそれらは、決して神を対象的に知ったということを意味しない。かえってそれらは、「限定ならぬ限定」であり、ある意味で「否定の極み」でもあろう。そしてこのことは、われわれに対していわば探究構造の転換を促してくるのである。

われわれは「何を」、「いかに」考えかつ知るときにも、ふつうは言語的な像と限定によって対象を捉えざるをえない。が、端的に在る「存在そのもの」（神）は、人間的なあらゆる限定と知とを無限に超えている。それゆえ、「神名の啓示」にまみえるとき、われわれは対象知の領域に安んじていることはできず、無限性の境位に引き出されることになろう。「存在の知は、非存在をめぐる把握が浄められることとして生じる」とされるゆえんである。もとより、現実にその道をゆくことは、実は容易ではない。なぜならそれは、ある種の学的知識に収まるものではなくて、ほかならぬわれわれ自身の「魂の浄め」に関わってくるからである。

さしあたり言えば、われわれがこの世の有限な対象（欲求の目的）に執着するとき、それらの像によって心の眼が曇らされよう。それは、「真に存在するもの」、「真に愛すべきもの」（善）に背反して、「真実には在らぬもの」――それが、ふつうこの世でどれほど善いもの（目的）とされていても――に囚われた姿であろう。

先の文中、「神の命令に背いたそのはじめから、人間本性には死すべき覆いがまつわりついている」とあった。それはむろん、アダム・エバのいわゆる原罪のことであり、第一部第六章にて吟味したところである。ここでは、次のことだけを改めて押えておこう。

（i）人類の始祖の罪のわざが物語風に記されているが、それは単に過去のことではなくて、内実としては、現に今、われわれ自身の行為に関わることである。

（ii）「死すべき覆い」とあるのは、人間に自然・本性的に帰属しているものではない。それはあくまで、神への意志的背反（罪）によって人間的自然・本性に新たに生じてくる。つまり人間本性のうちに、それ自身の欠如・欠落が生じるのだ。そしてそれが、「死性」として、また「存在の欠如した姿」として語られることになる。この意味では、罪とは、存在論的な拡がりのもとに探究さるべきものとなろう。

その点は基本線の確認に留め、次節ではグレゴリオスの否定神学的表現の意味するところを見定めておきたい。

二　否定神学的な知の構造

象徴知の問題

旧・新約聖書の随所に窺われるように、有限で可変的な事物は、決してそれ自身で完結したものではありえず、自らの存在の「より先なる根拠」（神的ロゴスないし神性）を指し示している。有限性や多性と被造性とは通底しているのだ。素朴な例として、次のように言われている。

天は神の栄光を物語り、大空は御手のわざを示す。
昼は昼に語り伝え、夜は夜に知識を送る。
話すことも語ることもなく、声は聞こえなくても、
その言葉は世界の果てに向かう。（詩編一九・二―五）

およそ有限な事物についての知・知識は、それぞれの形相の限定によるものであるとともに、無限なる神性を指し示す象徴ともなりうる。すなわち、有限な対象知と無限性に開かれた象徴知とが、われわれにとって同時的に成立してくるのだ。それは、「知の両義性」とも呼ぶべき事態であった。

実際、われわれが一輪の百合を愛でたり、人との出会いに心打たれたり涙したりするのも、そこに何らか無限なる働きの現前を感じ取ればこそであろう。とすれば、われわれが人やものを、単に即物的に対象として見るのではなく、多少とも心を浄めて、生じ来たることを従容と受けとめるときには、神的な働き（エネルゲイア）が生活のほんの身近な場面にも現前していることが感知されよう。思うにこのことは、古来のいわゆる否定神学の把握とも無縁ではないのである。グレゴリオスの次の言葉は、否定神学的定式の一つの範となるものであった。

〔神の〕無限の本性は、正確に名を指して把握されるものではなく、思惟による概念の一切の力、および言葉や名称の一切の表現機能は、たといそれが偉大で神に適う内容を有しているかのように思われても、存在そのものを把握するような本性を持っていない。かえって、あたかも何らかの足跡や閃光を出発とするように、把握したものを通して、ある類比によって、把持しえぬものを推量しつつ、われわれの言葉は知られざるもの

に向かうのである。

すなわち、神性の香りについてそれと分かるような名前を考えても、言葉の表現によって香りそのものを意味するのではなくて、むしろわずかな残り香を、神学的な（神を称える）名称によってわれわれは示しているのだ。……つまり、神性の香油それ自体は、それが実体・本質として何であるかに関しては、すべての名称と思惟とを超えている。しかし世界（宇宙）に見られる事柄がすべて驚くべきものとして、神を証示する命名の材料を提供しているのであって、そうした驚くべきことを通してわれわれは、知恵ある、力ある、善きもの、聖なるもの、幸いなもの、永遠なもの、裁き手、救い主といった名称をつけるのである。（『雅歌講話』四一―四二頁）

ここに「香油」や「神性の香り」といった言葉は、神、神性を象徴的に表わしている。そして右の文章全体は、(ⅰ)、神のウーシア（実体・本質）の徹底した超越性、(ⅱ)、神のエネルゲイア（働き・活動）の内在性、という両者の不即不離な関係を集約的に語っている。その定式は、はっきりした表現としてはアレクサンドリアのクレメンス（教父哲学の祖、一五〇―二一五頃）以来のものであるが、カッパドキアの教父たちや擬ディオニュシオス・アレオパギテース、そして証聖者マクシモスを経て、とりわけ一四世紀のグレゴリオス・パラマス（一二九六頃―一三五九）にまで連なり、永く東方キリスト教の伝統に共通の思想財となっているのである。

そこで改めて、次のことを確認しておこう。神はそのウーシア（実体・本質）の「何であるか」に関しては、あらゆる言語・知性的限定を超えた不可知なるものであり、いわば「超越の極み」、「充溢の無」である。それゆえわれわれは、端的に神を直視し知ることはできない（出エジプト三三・二〇、ヨハネ一・一八など）。

だが他方、神のエネルゲイア（働き）は、それ自体としては無限なるものでありつつ、それぞれの時と処で万物に及んでいる。つまり、有限な事物のうちには、その存在と持続をもたらす力として、超越的な働きが現存していると考えられよう。従って、この世のあらゆるものは、自らの限定されたかたち（形相）を通して、無限なる神的働きを証示し、ひいては神の存在を象徴的に指し示しているのである。

脱自的な愛――神の顕現のかたち――

右のように、無限なる神は、それ自体としては、この有限な世界のどこにも現われない。が、すべて有限な事物は、それぞれの限定された姿のうちに神のエネルゲイアを何らか宿し、「神在り」ということを遙かに指し示している。しかしそれにしても、いかなるかたちが最もゆたかに神の現存を象っているのか。あるいは、「神の勝義の顕現のかたち」とはわれわれにとって何なのか。

これは実は、前章において多少とも見定めたことである。神の「愛の矢」（神的エネルゲイア）に貫かれて、神への愛に促された姿自身が、神のゆたかに現われたかたちであった。つまり、己れを超えてゆく脱自的愛として、神は勝義に現出するのである。そこで、このことをいっそう明確に示すテキストを挙げておこう。

> わたしはこのように、「魂の愛する方」とあなた（神）を名づける。というのも、あなたの名はすべての名に勝り（フィリピ二・七―九）、すべての言語・知性的本性では言い表わすこともできないからである。それゆえ、「あなたへのわたしの魂の関わり」が、あなたの善性（agathotēs）を明らかにする「あなたの名」である。（『雅歌講話』五九頁）

ここに「あなたの名はすべての名に勝る」とあるが、それは聖書の文脈からして、「受肉し、復活したキリスト」

を示す。この意味では、魂・人間の愛するのは、端的に神だというよりは、むしろロゴス・キリスト(神的エネルゲイアの現存)であろう。このことは後に論ずるように(第七章)、「ロゴス・キリスト論」にあって重要な意味を有することになる。が、その点については今は示唆するに留め、次のことを押えておこう。

「神(ないし受肉のキリスト)を愛する姿」(引用文では、「あなたへのわたしの魂の関わり」)は、神の善性(神性)をあらわにしている。つまり、超越的な善性そのものはこの世界のどこにも現われないが、「善性への愛」がいわば善性を象り、それを現出させている。簡明に言うなら、神は恐らくは、「神への愛」として、顕現するのである。

いわゆる自然界にあっては、善は潜在的なものとしてあるに過ぎない。しかし善(agathon)は、魂・人間の意志的な行為の目的(充足、善きもの)として姿を現わし、とりわけ「善への愛として」勝義に現出してくるのだ。このことは、「神の顕現」という事態の基本的構造だと思われる。神はそれ自身としては隠れていると言わざるをえないとしても、「神への愛のうちに」現前し、「そうした愛として」現われ出てくる。そして神への愛は、同時にまた(後に問題にするように)、「他者への真実の愛として」具体化してくると考えられよう。

三　絶えざる自己超越(エペクタシス)

闇のうちなる神の顕現

さて、再び『モーセの生涯』の文脈に戻るなら、「神の顕現」は、以下のようにはなはだ逆説的な表現によって捉えられていた。聖書の記述によると、シナイ山においてモーセは、濃い雲(闇)のうちで神の臨在を経験したという(出エジプト一九・一九)。いわゆる十戒が示されたのは、そのときであった。だがイスラエルの民は、シナイ山に雷鳴がとどろき、山が煙に包まれる在り様を見て、はなはだ恐れた。そこで、こう記されている。

モーセは民に答えた。「恐れることはない。神が来られたのは、あなたたちを試すためであり、またあなたたちの前に神を畏れる畏れを置いて、罪を犯させないようにするためである。」民は遠く離れて立ち、モーセだけが神のおられる密雲に近づいていった。(出エジプト二〇・二〇―二一)

そしてモーセは、神の掟(律法)と契約を授けられ、再び神の山に登った。そのとき、「神の在ます雲の中に入ってゆき」、「四十日四十夜、山にいた」(同、二四・一八)という。ふつう「雲、密雲」などと訳される言葉は、『セプチュアギンタ・七十人訳』では「闇(暗黒)(gnophos)」と訳されている。ニュッサのグレゴリオスは、その「闇」という言葉にとくに注目して、「神的なものは、かつては〔燃える柴を通して〕光のうちで見られたが、今は闇のうちで見られた」(『モーセの生涯』II・一六二)と対比している。そして、「モーセは闇のうちに入り、そこにおいて神を見た」(出エジプト二〇・二一)という表現が、霊的かつ象徴的に解釈されてゆくのである。その際、「光のうちで」と「闇のうちで」という対比は余りに鮮やかであるが、両者は単に対立するものではない。かえってそれらは、人間の神経験が深化してゆく過程を象徴するものと解されている。そのことは、次の文の明確に語るところである。それは否定神学的文脈として、古典的な重要性を有する表現であった。

敬虔の知は、その最初の現われにあっては、それが生じる人において光として生起する。つまり、敬虔に対立すると考えられるのは闇である。従って、闇から向き直ること(回心)は、光の分有によって生じる。しかし、知性(ヌース)がより大で、より完全な志向を通して前進し、諸々の存在物についての把握を思惟のうちで生み出そうとするとき、神的本性の観想に接近すればするほど、それだけいっそう、かの神的本性の観想されえぬものであることを明白に見るに至る。
確かに、すべての現象を、つまり感覚の捉えるものも思惟の見ていると思うものも、いずれをも後にして、つねによりうちなるものに入りゆき、ついには思惟の真摯な憧憬によって、見られえず知られえぬかのものに参与するに至るならば、そこにおいて神を見ることになろう。このことのうちにこそ、探し求められているものの真の知・観想があるが、それは、見ぬことにおいて見るということである。（『モーセの生涯』II・一六二―一六三）

ここには相関的な比較級表現によって、神への道行きの過程が語られている。われわれは神的本性の観想に接近すればするほど、いわば闇のうちに入るかのように、「充溢の無」（無限性）の境位に与ってゆくことになる。なぜならば、神的光はそれ自身、人間の受容力を遙かに超えているので、闇として経験されるからである。魂・人間のこうした上昇・深化の道は、手前の段階も考慮に入れれば、次のような三つの階梯となろう。すなわち、

（i）、われわれが、さまざまな欲望や執着に捉われた姿（闇のうちなる生）を否定し浄めること（象徴として、履物を脱ぐこと）、

（ii）、そこから上昇し、神的光によって照らされること（燃える柴という光のうちなる神の顕現）、

（iii）、そして最後に、無限なる神性の境位に与らしめられること（神的な闇のうちなる神の顕現）、

という三者である。この最後の段階は、「［神を］見ぬことにおいて見る」という逆説的表現によって指し示されている。

これらのことは一言で言うなら、それぞれ、（i）、浄化（カタルシス）、（ii）、照明、そして（iii）、没我（エクスタシス）、あるいは神秘への参入という三つの階梯として指し示されるであろう[3]。

ともあれ、その内実を問い進めようとするとき、次のことに注意しておくべきであろう。人が神的働き（エネルゲイア）に与れば与るほど、神的本性（働きの源泉・主体）は知られざるものとして、無限性の彼方に退いてゆく。と同時に、己れが無に接していること、無に等しいものたることが、いっそう自覚させられるであろう。

しかしそれは、単に「不知の表明」に終わるものではなく、また、神的境位に与ることへの「諦め」でも、「ニヒリズム的開き直り」でもない。かえって、「見ぬことにおいて見る」といううくだんの表現は、実は、「神への無限なる愛の渇き」という姿を意味しているのだ。実際、「神（＝存在）への道行き」は、以下に示すごとく、魂・人間の「絶えざる伸展・超出（エペクタシス）」というダイナミズムとして語り出されているのである。

自己超越の論理——エペクタシスとしての「神」の顕現——

エペクタシス（epektasis）とは、グレゴリオスにあって、人間が無限なる善に向かって絶えず身を差し出し、己れ自身を超えて出てゆくことであった。そしてそれは、まさに人間の本来的な姿と捉えられており、人間の「在ること」（自然・本性）の通常の把握に対して、一つの根本的転換を迫るものでもあった。グレゴリオスは次のように言う。

モーセが知においてより大なる者となったとき、彼は闇のうちで神を見たと語る。すなわち、すべての知と把握とを超えているかのものこそ、本性上神的なものだということをモーセは覚知するのだ。（『モーセの生涯』II・一六四）

そうした階梯を通って進み、このような高みにまで自らの精神を高めるモーセに、誰が従いゆくであろうか。モーセはあたかも一つの峰から他の峰へ移りゆくかのように、高みへの登攀を通してつねに自己よりもより高くなる。……かくしてモーセはついに、見られえぬ神の知という内奥の聖所にまで参入せしめられる。が、そこに留まることなく、さらには人の手によって創られぬ〔天上の〕幕屋に移りゆくのである。（同、II・一六七）

その後モーセは、再び「神の在ます闇」から出て、同胞のもとに降りてゆく。それは、諸々の法を人々に授け、さらには、「シナイ山で示された範型に従って、聖所と祭司制とを作るためであった」という。これは基本線として言うなら、「神への伸展・超出（エペクタシス）」が本来、「世界と他者への還帰」、「共同体（全一的交わり）の成立」をもたらすべきものであることを告げている。

それはさて措き、ここに注目すべきは、引用文中の「つねに自己よりもより高くなる」、あるいは「より大なる者となる」という言葉である。一見単純なその表現には、「在る」と「成る」（存在と生成）という根本問題についての洞察が含まれているのだ。

「モーセは闇のうちで神を見た」、「見ぬことにおいて見る」などと言われるように、神は決して直接に知の対象とはならない。しかし先の表現は、より積極的には次のように解される。すなわち、「つねに自己よりもより大なる者になりゆくこと」（エペクタシス）とは、この可変的世界において可能な「神の顕現のかたち」であろう。

はじめからの基本的視点であるが、「自己の在ること」はわれわれにとって、それ自体として完結してはおらず、本来は「自己よりもより大になりゆく」という生成・動態として語られることになる。それは、「より大に在ること」への生成であり、そこにおいては自然・本性（ピュシス）の完結性は突破されているのである。

それゆえ、「わたしは在る」たる神は、「人間の自己超越という動的かたち」として、かろうじてこの世界に現出してくるであろう。[4] グレゴリオスは、右のような「エペクタシス」あるいは「神への脱自的愛」を、人間本性の最も本来的な姿と捉えている。こうした意味のつながりからして、「神の顕現の勝義のかたち」と「人間本性の開花・成就のかたち」とは、ほとんど同一のものだと考えられよう。

人間本性の完全性のかたち

ところで、グレゴリオスにおけるエペクタシス論の一つの典拠ともなっているのは、パウロの周知の言葉であった。(それは、既述のごとく、アウグスティヌスの時間論にあっても、最後の文脈でとくに重要な意味を担っていた。) パウロはこう語っている。

> わたし自身すでに捉えたとは思っていない。追い求めているのはただ一つ、すなわち、後のものを忘れ、前に在るものに全身を向けて伸展・超出しつつ(身を差し出しつつ)、神がキリスト・イエスによって上へ召して与えたもう褒美を得るために、目標を目指してひたすら走ることである。(フィリピ三・一三—一四)

ここに「伸展・超出しつつ(身を差し出しつつ)」と訳した言葉は、原語では〈epekteinomenos〉、つまり動詞の分詞形で表わされている。それは、己れ自身を超えてゆくという意味合いを含んでおり、それゆえパウロの文は全体として、人間の「絶えざる伸展・超出、自己超越の姿」を示すものと解されよう。そして、グレゴリオスの次の表現は、魂・人間のエペクタシス、つまり動的自己超越的なかたちを、透徹した筆致で語り出すものであった。

> もし魂の志向・衝動を妨げるものが何も存在しなければ——というのは、善(美)の本性は、自分に眼差しを上げる者を自分の方へ惹きつけるものなのだから——、魂は天上的な欲求によって、前に在るものに向かって自己を伸展・超出させ、つねに自己よりもより高い者になってゆく。……それは使徒パウロの言う通り

であって（フィリピ三・一三）、そうした魂は、絶えずより高い方へその飛躍を増大させるのである。

その際、魂はすでに把握されたものを保持しつつも、さらに超越的な高みを見捨てることがない。……なぜならば、徳（アレテー、魂の善きかたち）に即した働き・活動のみが、労苦することによっていっそう力を養うからである。すなわち、働きの結実を生み出すことによってその緊張を弛ませず、かえってそれを増大させるのだ。それゆえ、偉大なモーセも絶えずより大なる者になりゆくのであって、決してその上昇を停止させず、上方への動きに自ら何の限界をも設けないと言えよう。（『モーセの生涯』II・二二五―二二七）

このように、グレゴリオスの語る「完全なる生」とは、はなはだ動的なものであって、超越的な善（神）へとどこまでも開かれた構造としてある。すなわち、「魂にとっての完全性の道」は、より善きものへと生がつねに増大してゆくことだという。なぜなら、「そうした登攀によって自らの生をいかなる地上的なものよりも高めてゆく人は、自己自身よりもつねに高くなりゆくからである」（同、II・三〇七）。こうしたエペクタシス（絶えざる自己超越）の姿を、グレゴリオスは集約的に次のように語っている。

人間本性の完全性とは恐らく、善（美）（kalon）により多く与えることを絶えず意志し志向することに存する。（『モーセの生涯』I・一〇）

しかしそれにしても、グレゴリオスの指し示す「エペクタシス」および「人間本性の完全性」といった境位は、余りに高く、ふつうわれわれにとって至難のものと思われよう。ではそれは、殊更に能力や資質、そして環境に恵まれた人々にとってのみ可能なことであろうか。むろん、そうではあるまい。

ニュッサのグレゴリオスは、兄のバシレイオス、朋友のナジアンゾスのグレゴリオスとともに、何よりもまず修道者であった。バシレイオスはつとに、エジプトのパコミオスによる共修型修道制に学び、同様の形態をカッパドキアの地で組織していた。そんな中、ニュッサのグレゴリオスもまた、学と修道との渾然と一体化した修道の集いにあって、霊的指導者の一人であった。そしてそこでの生活は、祈り・観想と厳しい修業を旨とするものであったのである。

そのことを思うとき、グレゴリオスの語る「絶えざる自己超越」（＝人間本性の完全性）の道が、そもそも何によって成り立ちうるかということに気づかされよう。それは恐らく、最も単純な一点に帰着する。すなわち、「透明な祈り」、「心砕かれた謙遜」によって、魂がいわば器となり場となるとき、そうした魂のうちにこそ、神的な働き、ないし霊がゆたかに注ぎ込まれよう。とすれば、能動の極みのようなエペクタシス（自己超越）は、根底においては神的働きの受容という受動性において生起するということが、忘れられてはなるまい。

ただ、そうした事態の成立において、人間的自由が全く廃棄されているのではなかった。事実グレゴリオスにあって、自由・意志の働きと神的働きとは微妙に協働して働くと洞察されていた。では、両者は内実としていかなる関係においてあるのか。そして、それ以前に、行為と存在、つまり「自由・意志や行為」と「主体・自己の存在様式」とは、いかに関わっているのか。こうした論点については次章において、改めて主題として問いたずねてゆくことにしよう。

聖母、イスタンブール（コンスタンティノポリス）、
ハギア・ソフィア聖堂、12 世紀

第三章　自由と善

自由に意志し行為することは、とりわけ人間に固有な事柄である。自由とは端的に言えば、まさに人間の本質に属する何ものかであろう。もとより動物も一見自由に生き、行動しているかに見える。だが彼らは、ある意味で本性（種）として活動しているのであって、勝義の個としてではあるまい。それに対して人間は、知性（ないし言葉）と意志を通してその都度、無限なるものに開かれ、かつ個々の行為を択んでいる。そのように自由に意志し択ぶことにおいて、恐らく個・個体というものも、真に成立してくるであろう。

ともあれ、ヘブライ・キリスト教、とくに教父の伝統にあって、意志し択ぶことは、択ぶ人自身の存在様式にある種の変容をもたらすこととして捉えられていた。とすれば、主体・自己は本来、意志や行為によって影響を受けないものとして措定されてはならない。改めて言えば、「何を意志し、何を為しても、自分の心、魂そのものは何ら影響を受けない」などと思うならば、それは多分に傲りを含んだ態度となろう。

ニュッサのグレゴリオスによれば、自由な意志・択び（プロアイレシス）と人の存在様式とは、密接に関わっている。つまり自由は、まさに「存在の次元」に関わるのだ。グレゴリオスは、そうした「自由・意志の働き」について、また「行為と存在との連関」について最も深く洞察した人の一人であった。こうした射程を持つ自由の問題は、これまでの論述ではほとんど封印していたのだが、今やそれを主題化して問い進めてゆくことにしたい。

一　自由な意志・択びと自己変容

「より善きものにか、より悪しきものにか」の生成変化

自由・意志は個々の対象的行為の択びに関わるだけではなくて、さらには行為主体の存在のかたちに影響を与える。このことについてまず注目すべきは、『モーセの生涯』での次の表現である。

誰一人として知らぬ者とてないことであるが、すべて可変的なものは何一つとして同一に留まることなく、あるものから他のものへとつねに変化する。そしてその際、より善きものにか、より悪しきものにか、つねに生成変化するのだ。……そのように絶えず生成変化するということは、〔人間にあって〕何らか物体的出来事の継起として単に外的な要因に依存しているのではなくて、かえってそうした誕生・生成自身、自由・意志(proairesis)にもとづく。従って、われわれは、何らかの仕方で自己自身の親なのだ。すなわちわれわれは、自らが意志した限りでの自己を生み出してゆくのであり、固有の自由・意志にもとづいて〔自らに善きかたちを刻みつけるか、悪しきかたちを刻みつけるかしつつ〕、自らが意志する方へと自己を形成してゆくのである。(『モーセの生涯』II・二―三)

われわれはこのように、「自由・意志(プロアイレシス)によって自らが意志した限りでの自己を生み出してゆく」という。だが、それはむろん、何らかの技術による「ものの製作」とは全く異なる。そこで、さしあたり次の二点を押えておこう。

(i)　右の文中、「自己がより善きものになる」とは、主体・自己の「在ること」が確保された上での性質変化

などではない。つまりそこにあっては、「主語的な実体（ウーシア）の同一性がとにかくも前提されて、その実体の属性（附帯性）がさまざまに変化する」といった、アリストテレス風の自然学の構図はいわば突破されている。グレゴリオスにあっては、主体・自己の「在ること」それ自身の変容・形成という事態が見つめられているのだ。

（ii）さらに、「自己が善きものとなること」（徳、アレテーの形成）とは、ある意味では「新しい存在の誕生」であろう。[1] いわゆる自然界には、善は勝義には現われない。そこにおいてはさまざまな生成変化はあっても、端的に「善きかたち」が生じることはない。（不分明な仕方で、「ものの善さ」としてはあるが。）しかし人間は、自らの自由・意志の働きを介して、「善の現出か、否か」ということにすぐれて関与しうる。そこに新しい存在が何らか生じてくるとすれば、そのことは存在論としても大きな意味を有していると思われる。

この点、神の世界創造というわざは、過去の一時点で完成したものではなくて、恐らくは今もなお持続しており、しかもその中心的役割を人間が担っていることになろう。すなわち、神はいわば人間の自由・意志の働きを媒介ないし道具として、今も創造のわざを為しているのだ。そしてそれは、本来的には、「善きかたちの顕現」（新しい存在の生成）という目的に定位されていると考えられよう。

自由・意志の目的（善いもの）と善

ところでグレゴリオスは、自由な意志・択びと自己存在の変容との関わりをめぐって、『雅歌講話』の中でこう語っている。

人間は自分の意志し欲することを受容でき、また自由な意志・択び（プロアイレシス）の傾向が導くがままに変化する。なぜならば、もし自由・意志が憤怒の情念（パトス）を受け容れると、人は憤怒的となり、欲望の情念のとりことなると快楽に溶け込むからである。……実際、われわれの自由・意志は自分の意志し欲するかたちになる力を持っているので、ロゴスたる花婿が次のように言うのは正しい。「悪徳との交わりから遠ざかってあなた（花嫁）はわたしに近寄り、原型の美の近みに至り、鏡のようにわたしの像と同じ姿を取って、自ら美しくなった」と。なぜなら人間本性は、その自由・意志で択んだ影像に従って変容するので、真に鏡に似ているからである。（『雅歌講話』九一―九二頁）

この文中、「美」（kalon）は、グレゴリオスのこうした基本的な文脈では、「善」（agathon）とほとんど同義である。美と善とが一に帰す神的境位が見つめられているのだ。すなわち、「存在」、「善」、そして「美」は、神にあってはまさに同一なるものであろう[2]。ただしそのことは、花嫁（人間）の「己れを超えゆく愛」の経験からこそ、遙かに指し示されるのだ。なぜなら、「わたしは在る」（存在）たる神が、人間の脱自的愛を発動させる根拠であり、かつその愛の志向する究極の目的（＝善）でもあるからである。また、そうした神（花婿）は、原型の美そのものとして語られている。

しかし、われわれは原型の美を捉ええず、あくまでその「影像に従って変容する」に過ぎない。「人間本性は鏡に似ている」という表現は、そこでの関与と隔たりを象徴している。人間本性は、自由・意志によって「清澄に原型の美（善）を映すか、曇ってしまってそう為しえないか」という両方向に開かれているのである。

その際、「自らが意志した方向へと自己を形成する」、「自分の意志し欲するかたちになる」などと言われる。が、われわれは、「ものの製作」のように自らの「存在のかたち」を直接に対象として作り出すわけではない。それゆえそこには、次のように善に対する微妙な関係構造が潜んでいるであろう。

（ⅰ）ある行為のかたちを意志し択ぶとき、われわれはそれを「目的」（とにかくも「善いもの」、「充足」）として択んでいる。それは、個別的な目的（善いもの）の現出である。
（ⅱ）だが同時に、そうした意志的な択び（行為）において、われわれは実は善そのものに対しておのずと応答してしまっているのだ。そして、善（神）にいかに心抜き、聴従したかが、とりも直さず、主体・自己における「善の分有・与りのかたち」となる。それはさらに、個別的な行為（目的、とにかくも善いもの）のうちに宿り、具体化してくるのである。

言い換えれば、善そのものは超越の極みであり、われわれにとってはどこまでも不可知に留まるが、善の働きは万物に及び、とりわけ人間の意志的行為の成立を恐らくは構造的に支えている。そして他方、個々の行為のかたち（形相）は、善への意志的応答を宿す身体ないし質料ともなるのだ。この意味では、個々の行為の形相は、より上位のかたち、つまり「善への意志的応答」に対しては、質料の位置に立つことになろう。

とすれば、右のような構造にあって、具現してくるものと隠されているものとが不思議に関わり合っている。すなわち（ⅰ）、個々の行為のかたち（目的たる限りで、とにかくも「善いもの」）は、善への応答という「魂のかたち」を何らか宿し、かつ具体化させている。しかし（ⅱ）、そうした魂のかたち自身は——それがいかに「善いもの」であるかについては——、善そのもの（神）の前ではあらわであるとしても、人の眼には（自分の眼にも）ほとんど隠されていると言わねばなるまい。従ってそこには、「善の超越性」ということに関して、なおも問いたずねるべきことが潜んでいるのである。

二　善の超越性と不断の創造

善の超越性

善そのもの（神）は、むろん徹底した超越性、無限性においてである。が、それゆえにこそ、われわれが善に（そして存在に）真に与ってゆく道は、限りなき上昇ないし自己超越という性格を持つものとなろう。しかもそれは、直接無媒介な上昇としてではなく、次に明らかなように、比較級と否定とを介した動的かたち（ダイナミズム）として、はじめて現出してくることになる。

神の本性（ピュシス）は、絶えざる自己同一であり、決して自己と異なりえない。それは悪と無縁なので無限の善であり、自己と対立するものを何も見ないので、自己を限定するものを何も見ない。従って、神の本性が人間的魂を自己のもとに誘い、自己に与るように働きかけるとき、それは人間本性より遙かに高次の善であるがゆえに、人間本性がより善きものに与っただけの分を、それだけの割合でつねに超え出るのだ。それゆえ、一方で魂は、超越する神的善に与ることによってつねに自己よりも大なるものになるが、他方で神的善は、同一のものとして留まる。かくして、魂がこの神的善にいっそう与れば与るほど、つねに同じ割合で〔神的善によって〕凌駕され超えられてしまうことを見出す結果となる。（『雅歌講話』一二九頁）

この表現によれば、まず「神の本性は自己に与るように人間的魂に働きかける」という。ただそれは、神的本性の永遠性、自己同一性からして、「神があるとき働きかけて、他のときには働きかけない」などということではない。すなわち神は、つねに時空を超えて働いていると言わねばなるまい。キリストの言に、「わたしの父は今に至るまで「つねに」働きたもう。そしてわたしもまた働く」（ヨハネ五・一七）とある通りである。

とすれば、「つねに」働いている神的働き（呼びかけ）に対して、われわれが「あるとき」意志的に善く応答したとき、そのことをしも「神の本性が働きかけた」と言うのだ。こうした「神におけるつねに」と「われわれにおけるあるとき」との関わりは、永遠と時間との微妙な関係構造を指し示すものであろう。[3]

そこで、さらに注目すべきは、「魂が神的善に与れば与るほど、神的善によって超えられ」、「より善きもの、自己よりも大なるものになる」というくだりである。その際、神的善は、単に魂の彼方の無限なるものとして語られてはいない。むしろそれは、より内的に、「魂が神的善に与れば与るほど、当の魂の働きをその都度超え出るものとして」、魂のうちに超越的に現前しているのである。

言い換えれば、魂は神的善の現前によって、いわばつねに超えられる。つまり、魂・人間の志向と愛がどこまで高みに達しても、それは善の働きによって無限に超えられてゆく。が、そのことに応じて、またその分だけ、魂ないし人間本性は「より善きもの、より大なるものになる。」そしてそれは、魂が「より大に存在に与ること」だと言ってよい。

さて、この間の機微については次のように解されよう。

（i）魂・人間の志向と愛との働きが「善によってその都度つねに超えられる」とは、善によって「測られることと」であり、「知られること」であろう。だが、「善によって（神によって）知られる」とは、そのように「知られたかたち」が現に存立せしめられ、生み出されることであろう。「人が神を愛するならば、その人は神によって知られている」（一コリント八・三）と言われるゆえんでもある。すなわち人間本性は、自らの志向的働きが「善（神）によって超えられ、測られ、知られることによって」、より善きものとして誕生せしめられると考えられよう。

（ii）　しかし神的な善（神）は、単に外なる対象として措定され知られるのではなくて、内実としてはむしろ、「人間本性のより善き変容・誕生を成り立たせている働き（エネルゲイア）として」、その経験の内側から証示されよう。つまり、簡明に言えば、脱自的愛の経験が、そうした経験の成立根拠たる「神的エネルゲイアの現前」を証しし、指し示しているのである。

ところで、右のような「善による被超越」ということは、前章で述べたエペクタシス（絶えざる伸展・超出）の文脈と深く呼応している。改めて言えば、魂が神的善をできるだけ志向し欲求してゆくとき、「つねに自己よりもより大なるものになりゆく」という。そして「完全なる生とは、より善いものに向かって絶えず生が成長してゆくことであり」、「善により多く与ることを絶えず意志し志向することだ」とされた（『モーセの生涯』Ｉ・五六）。注意すべきはそこに潜む再帰性ということであるが、それは次の一文にも如実に見て取ることができよう。

もし人が、自分を悪におびき寄せるものから遠ざかり、理性を働かせてより善きものに向き直って、悪を自分の背後に追いやるならば、自分の魂をそれがあたかも鏡であるかのように、善きものの希望へと向けることになる。かくして、あらかじめ神によって明示されていた徳（アレテー）の似像と類似性が、自らの魂の浄化された姿として刻印されることになる。（『モーセの生涯』II・四七）

この文中、「刻印される徳（アレテー）の姿」とは、先述の「人間本性の完全性」についての表現からして、「より善きものへの絶えざる志向・超出（エペクタシス）そのもの」と考えられよう。すなわち、「より善きものを志向する」とき、まさにその「より善きものを志向するという姿」が再帰的な仕方で刻印され、現出してくるのだ。そこには、「魂の志向・愛がどこまでも善によって超えられ、知られる」という被超越（受動性）の契機が漲っている。それはまた、平たく言えば、神の前に虚心に己れ自身を委ねゆくことにほかなるまい。

不断の創造

今一つ注意すべきは、右のような事態が、あるとき一挙に完成し停止してしまうようなものではなくて、いわば「不断の創造」という性格を有していることである。この点、とりわけ次のように洞察されている。

> 創造によって誕生したもののうちで思惟的本性を持つものは……絶えず全存在の第一原因を眺め、つねに超越者に与ることによって善のうちに保たれ（支えられ）ている。それは、諸々の善に増大しながらより大なるものに変容し、ある意味で不断に創造されている。それゆえこのものには、何か上限があるとは思われないし、またこのもののより善きものへの増大に対して、何らかの限定による限界線が引かれることもない。その現在の善き姿がどれほど偉大で完全なものに見えようとも、それは一層高次で偉大な善への端緒に過ぎないからである。（『雅歌講話』一四四―一四五頁）

ここにも明らかなように、われわれが善に（そして神に）与りゆく道は、「より大なるものへの変容」とか、「より善きものへの増大」とかいった比較級表現を取ってくる。つまり超越的な善への道は、それと一挙に合一してしまうものではありえず、徐々に高みに上昇してゆくような「絶えざる生成」として実現してくるほかはない。そしてその根底には、先に述べたごとく、われわれの志向と愛がどこまでも「善によって超えられる（つまり、測られ、かつ知られる）」という受動性（被超越）が存するのであった。「不断に創造される」と語られるゆえんである。

もとよりそうした道行きは、否定・浄化の契機を介してはじめて成立しうるであろう。すなわち、「より善きものに変容してゆくこと」（人間本性の完成）は、その内実としては、「より悪しきものへの欲求や執着が絶えず否定され浄化されること」として、現にかたちを得てくると考えられる。それゆえにこそ、古来の修道の生にあって、さまざまな悪しき情念や欲望との闘いが、そしてつまりは自己自身への執着との闘いが、まさに不可避なのであった。そこにおいては、悪や罪の問題が人間本性の「神への道行き」の根幹に関わるものとなるのである。

ただ、この重要な事柄については、次章以下で改めて主題化して問い進めることにしたい。次の節ではそれに先立って、右に述べたことに含まれているもう一つの論点を取り出し、考察を加えておこう。

三　人間的自由と神的働きとの協働

「神（無限なる善）への道行き」や「不断の創造」ということは、グレゴリオスによれば、われわれに固有な力のみによるのではなくて、**人間的自由の働きと神的働きとの一種の協働**（synergia）によって生起してくるという。次の表現は、両者の微妙な関わりを如実に語り出している。

> 偏り見ることのない神的な霊（pneuma）は、自由に心披いてその恵みを受け取る人のうちに、つねに流入する……。そうした賜物を真摯に受容する人にとって、霊はそれぞれの人の信・信仰（pistis）という測り・尺度に応じて、協働者として、また伴侶として留まり、かくして善がその人のうちに宿り来たることになる。
> （『キリスト者の生のかたち』）

これは、グレゴリオス晩年の珠玉の小品中の言葉であるが、「魂・人間の真の成立」ということの恐らくは中心的位相を指し示している。

文中、「神的な霊」とは、「神の働き（エネルゲイア）」や「神の愛（アガペー）」と、実質的には同じものだとしてよい。注目すべきは、「信の測りに従って神的な霊が流入する」とされていることである。その意味するところは、「魂・人間自身がいわば器となる度合に応じて、それだけ神的霊が注ぎ込まれる」ということであろう。これは簡明な言い方であるが、そこに見落としえないのは、次のような不思議な循環が潜んでいることである。

（ⅰ）自由・意志による心の披きや信がなければ、神的な霊は流入しえない。（有限な事物への欲求に捉われているとき、さまざまな像が神的な霊の流入を妨げるからである。）

（ⅱ）他方、神的な霊の流入と受容とがなければ、自由の善き働きも信もありえない。（霊の受容によってこそ、自由が伸びやかに、かつ善く働く場が開かれよう。）

このように言えるとすれば、一見循環と思われることは、単に閉じた円環でも矛盾でもない。かえって、（ⅰ）（ⅱ）のように神的働きと人間的働きとが相関的に働くことによって、人間本性の「神への関与」がより大なるもの（より善きもの）になってゆくであろう。従ってそこには、変容と再生とのダイナミズムが漲っている。

ところで、神的な働き（霊）はどこに働くのかと改めて問うなら、それは勝義には、「人間の自由な意志と択びのうちに」働くと言うべきであろう。が、むろん、単に強制的ないし必然的にではない。（そのようなときには、自由の意味が失なわれ、人間でもなくなる。）そこでさらに、自由・意志の善き働き（善く意志すること）として、神的な働きがよりゆたかに発現してくると言えよう。

逆に、われわれが悪しく意志するときには、神的働きはいわば塞がれたままで、より善く発現することもない。ただし、われわれが悪しく意志するときですら、それは、所与の人間本性の「在ること」にもとづいている。悪しき意志や罪のわざは、人間本性を「より悪しきもの」（善の欠如たる姿）へと変容させるのであって、人間本性の「在ること」そのものを無にしてしまうわけではないのだ。

ともあれ、ここでは基本的な見通しとして次のことを提示しておこう。

（ⅰ）人間の自由・意志の働きは本来は恐らく、神的な働きの器とも場とも道具ともなりうる。魂・人間が己れ自身を神的な働きの宿る器とし場とするとき、その受動性の極みにおいてこそ、神的働きがより善く発現してくるであろう。

（ⅱ）それは同時に、人間が最も能動的に、かつより善く働くこと（善く意志すること）の成立でもある。

これらのことは多分に逆説的な事態であるが、そこに人間的生の秘密が存しよう。すなわち人間は、己れを超えた神的働きに聴従するときにこそ、そうした自己否定を介して自らの自然・本性をより善く開花させうるのだ。とすれば、神への道行きにおいて「絶えずより善きものになる」、あるいは「不断に創造される」などということは、何か殊更に能力に恵まれた人にのみ可能なことではなくて、むしろほんの小さな善き意志・択びにおいて、すべての人に生起しうることであろう。

かくして、神の霊、神の働きがわれわれの魂の内奥に注がれるとき、そのひそやかな出来事は、何らか「新たな創造」という意味合いを有するものとなる。心砕かれた謙遜のうちに神の霊を宿すことは、「新しい人」の誕生ともなるからである。そのことの根底には、既述のごとく、己れ自身を限りなく無みする自己否定の契機が不可欠のものとして介在している。ただそれは、結局のところわれわれの自力のみでは為しえない。であればここに、そのことが可能となる根拠が、「われわれのうちに」、また「われわれを超えて」現前していなければなるまい。

このように見るとき、そうした「根拠の現前」とは、単に神的な霊というよりはむしろ、神的な霊が人間本性にいっそう適合して働いている姿であろう。この意味でそれは、恐らくは「ロゴス・キリストの受肉存在の働き」を指し示していると考えられよう[4]。このことは、探究がそこへと開かれてゆくべき最終的位相を窺ったものである。

ただ、それに直接立ち入る前に、次章からは、「情念、罪、そして自己変容」、「人間本性の開花・成就への道」、「愛による統合と他者」といった論点を吟味してゆく。そして最終章において、ロゴス・キリストの問題を、「受肉と神化（神的生命への与り）との関わり」という観点から問い披いてゆくことにしたい。

なお、そうした論述において主として依拠するのは、証聖者マクシモスの文脈である。もちろんニュッサのグレゴリオスも、各々の論点についての根本的な洞察を示しているのだが、証聖者マクシモスは、カッパドキアの教父たちをはじめとして東方・ギリシア教父の伝統をゆたかに継承し展開させた人であったからである。

第四章　情念、罪、そして自己変容

はじめに、証聖者マクシモス（Maximus Confessor）の生涯と歴史的位置について簡単に述べておこう。

マクシモスは五八〇年頃、東ローマ帝国の首都コンスタンティノポリス（現在トルコ共和国のイスタンブール）に生まれた。旧・新約聖書の伝統だけでなく、古代ギリシア哲学、ストア派、新プラトン主義等々についての広範な教育を受ける。その家系には、代々ビザンティンの宮廷に重用された人が多かったという。マクシモス自身、皇帝ヘラクレイオスの筆頭秘書官に任ぜられた。が、三年後にはその職を辞して、六一四年、帝都の近郊クリュソポリスの修道院に入り、東方キリスト教的霊性の道に身を捧げた。後には、マルマラ海南岸のシジクスの修道院に移っている。

しかし六二六年、ペルシア、スラブなどの侵入とともに流浪の旅を余儀なくされ、六三〇年に北アフリカのカルタゴに辿り着く。そこで反単意説論者のソフロニオス（五六〇頃―六三六）と出会い、また擬マカリオスの霊性にも学んだ。マクシモスの神学・哲学的著作の大部分は、その地での十五年ほどの間に著わされている。

ところで六三六年、皇帝ヘラクレイオスはセルギオスの起草した勅令「エクテシス」を公布し、キリスト単意説を擁護した。（単意説とは、キリストのうちに神的意志のみを認め、人間的意志を排除する説であった。）そこでマクシモスも六四五年頃から、キリスト両意説を守るべく、険しい神学論争に関与するようになった。その結果、六四九年ローマのラテラノ教会会議において、単意説批判が教皇マルティヌスによって布告されるに至る。

それに対して新皇帝コンスタンス二世は、ローマで教皇マルティヌスを捕え、クリミア地方に流刑に処した。また六六二年、マクシモスも捕えられて拷問を受けたが、キリストの神人性と両意説との信仰を貫き通した。そのとき、その信を卓越した仕方で語りかつ記した舌と右手とが切り落とされたという。そして黒海の南、カフカスの地ラジカに追放されて、同年に客死した。「証聖者（コンフェッソル）」の称号は、そうした受難と証しとに由来するのである。

ちなみに、マクシモスのキリスト両意説はその後、六八〇／六八一年の第三回コンスタンティノポリス公会議にて正統として確立された。そしてそれは、「ビザンティンの勝利」として永く歴史に記憶されてゆくことになる。

証聖者マクシモスは、東方・ギリシア教父の伝統の集大成者と目され、また「ビザンティン神学の父」と称えられる。すなわちマクシモスは、「カッパドキアの三つの光」たる教父たちをはじめとして、擬ディオニュシオス・アレオパギテース、擬マカリオスなどの神学・哲学的遺産をゆたかに継承し、また他方「カルケドン信条」（四五一年）の精神を遵守しつつ、それらすべての伝統を集大成した人であった。

だがより大局的に見るならば、マクシモスにおいてヘブライ・キリスト教の伝統と古代ギリシア哲学的な伝統という二つの思想潮流は、ある種の拮抗とともにゆたかに統合されている。つまりマクシモスは、旧・新約聖書と教父たちとの伝統を礎としつつ、古代ギリシア的な諸伝統を摂取し、根本での拮抗の中、それらを変容させ超克していったと考えられよう。

そうしたマクシモスの探究は、確かに聖書的文脈に深く依拠するものであるが、全体としては、普遍的な「愛智の道行き」の結実した姿であった。（マクシモスにあっては、後期スコラや西欧近・現代での「神学や宗教と哲学との分離、領域分化」は存在しない。）すなわちそこにおいては、神、創造、罪、受肉、神人性等々についての一見教理的な問題も、存在、知、善、自然・本性、自由、自己、他者などについての普遍的探究とともに、改めてその根本的な意味と射程とが問い抜かれ、全体として一つの「愛智の道行き」（広義の神学）が形成されているのである。

一　情念と罪

情念（pathos）との闘いは、古来つねに修道の生の中心に存した。修道者、師父そして教父たちは日々己れ自身を凝視し、さまざまな情念や罪と闘った。そして彼らは絶えざる悔改めと祈りに身を委ね、それぞれの分（運命）を担いつつ生を全うしていったのである。

彼らの択び取った道は、特殊な宗教的伝統にあるものとして、時代、民族、風土などいずれの点においても今日のわれわれから大きく隔たっているかに見える。しかしそこに体現された生は、虚心にその内実を問いたずねるときには、まさに人間としての普遍的なものと映じてくる。すなわち彼らの愛智と修道との生は、その中心的場面を一口で言うとすれば、人間の自然・本性（ピュシス）に与えられた普遍的な可能性を能う限り開花させていったものであろう。

ところで人間は、「神の似像（エイコーン）に即して創られた」（創世一・二六）。が、それは、現実のわれわれにとっては今だ十全には発現しておらず、可能性の状態に留まっている。そこでわれわれは、自らの自由・意志の働きを通して「より善きものにか、より悪しきものにか」という両方向に開かれている。そしてそこに、自由の逆説とも言うべきものが潜んでいるのだ。すなわち、頽落や罪に晒されていればこそ、人間はより善き変容の可能性を有している。（動物も天使も、それぞれに限定された形相を担っており、より善くはならない。）人間本性のより善き変容と開花のためには、諸々の情念や執着、そして傲りなどとの闘いが不可欠のものとなるのである。

情念の原因——自己愛と傲慢——

情念とは、ギリシア語では「蒙る」(paschein) という意味の語に由来する。それゆえ情念とは、心ないし魂が何ごとかを蒙ったかたち、つまり「魂の受動的かたち」だと言ってよい。

そうした情念が生じてくることには、もちろん感覚、記憶、想像などによる像が素材を提供している。だが、諸々の像がそのまま情念となるのではなくて、それらの像に魂が意志的に執着するとき、情念が現われ出てくるのだ。つまり、対象となる事物(人、もの)が、それに対応する情念を必然的に生むわけではない。情念が生じてくる原因として、実は意志が先んじている。[1] それゆえ、根本では意志が、その人自身の姿だと言えよう。その具体化されたものとして、「いかなる情念を持ち、いかに情念によって動かされているか」が、その人の姿であり本質(何であるか)なのである。

さてマクシモスによれば、さまざまな情念の現われにはある種の因果関係が認められる。たとえば、「多弁と大食は放縦の原因であり、また金銭欲と虚栄は隣人に対する憎しみの原因である」(『愛についての四百の断章』III・七、『フィロカリア』III所収)。あるいはまた、怒り、苦しみ、恨み、悪意など、他の多くの情念は、「大食、金銭欲、そして虚栄という三者に伴ってくる」とされる。そしてこれらの情念はすべて、人の心ないし知性・精神(ヌース)を「質料的な事物に結びつけて、地上的なものにおとしめてしまう」のである(同、III・五六)。

だが、それらの情念が生じる根元をさらにたずねてゆくと、自己愛というものに行き着くであろう。自己愛こそが、あらゆる情念やそれに捉われた想念の原因であるが、それは結局、身体的質料的なものへの非理性的愛好だという(同、III・八)。ただその際、もの・実体(ウーシア)が悪ではなくて、あくまでそれに対する意志的な執着が悪なのである。その内実は何かと問うなら、自己愛とは、さまざまなものに対する己れの欲求や判断を、自ら「善し」とすることであろう。それはつまり、己れ自身に執着することにほかなるまい。

とすれば、自己愛というものは、万物を貫き支えている超越的な善（善性、神性）の働きに聴従せず、自己自身に閉じた姿であろう。そしてそうした自己愛の極まった姿が、傲り・傲慢という名で呼ばれるのである。そこで全体としては、諸々の情念とそれらの原因について、次のように喝破されている。

> あなたがたとえば大食、情欲、怒り、貪欲といった粗悪な情念に打ち勝ったときにも、虚栄の想念が直ちに襲いかかる。しかし、もしあなたが虚栄というものに打ち勝ったとしても、傲慢の思いがそれに続くのである。（『愛についての四百の断章』III・五九）

このように傲りないし傲慢とは、最も由々しいものとして魂の内奥に生起してくる。それは自己自身にとって、最も手強い敵と言うべきであろう。なぜなら、さまざまな能力、知識、身分、あるいは一見善きわざ、仕事なども、傲慢という最後の一点に対してはほとんど無力であり、それどころかむしろ、傲慢を助長させてしまうことが多いからである。たとい人が諸々の情念や悪徳に打ち勝ったとしても、傲慢というものは、容易に消し去ることのできない最後の敵として残るのだ。古来の修道的伝統において、傲慢が「悪魔（サタン）の名」で呼ばれてきたゆえんであろう。

罪と自己存在

では傲慢とは、その真相としていかなるものなのか。それは端的に言うならば、「自己存在の根拠（神的ロゴス）に自由・意志によって背反すること」であろう。そのことは同時に、「自らの自然・本性に意志的に背反すること」でもあり、それこそが罪（hamartia）にほかならない。

そこで罪は、人間本性の奥深い闇として、また自由・意志に伴う負の可能性として捉えられてゆく。次の表現は、マクシモスの主著『難問集（アンビグア）』の一節であるが、罪というものの内実を如実にかつ集約的に語り出している。

もし罪によって己れを殺し、情念への自由な衝動によって己れを神的ロゴスから切り離してしまうことがなければ、人間は全体として神によって生き、神とともにあって死ぬことはないであろう。……だが他方、自然・本性は、それに背反して生きる余りそれを朽ちさせてしまう人々に対して、その分に応じて懲らしめを与えている。すなわち彼らは、自らの自然・本性の力を全体として実現させておらず……無思慮な仕方で「在らぬもの」へと傾くことによって、自己自身に対して「在ること」の欠如を招来させているのである。（『難問集』ＰＧ九一、一一六四ＣＤ）

ここに「在らぬもの」とは、端的な無とも取れるが、むしろ、ふつうわれわれが「在る」と思っているだけで、真実には在らぬもののことであろう。とすればそこには、この世のあらゆる有限な事物が含まれることになる。つまり、「真に在る存在そのもの」（「わたしは在る」たる神）以外、すべてのものは、それ自体としては「在らぬもの」と言うべきであろう。すべて有限なものは、あたかも樹の枝のごとく、樹の幹から切り離されれば、枯れるしかないからである（ヨハネ一五・一―六、ぶどうの樹の喩え）。

従って、有限で可変的なものはすべて、われわれがそれらにいたずらに執着し、そのわざを自ら肯定してしまうときには、われわれ自身が「在ること」の欠如を蒙ってしまう。「自らの意志・択びと存在様式」（行為と存在）とは、このように密接に連関しているのだ。この意味で罪とは、まさに存在論の中心に触れるものとして見出されてくる。既述のごとく罪とは、「自然・本性に背反して意志し択ぶこと」であった。もしわれわれが「自然・本性に背反して」人やものに関わるならば、それが人の眼にどれほどもっともらしい意図や目的のもとに為されたとしても、神（無限なる善）の眼差しの前では、やはり罪だと言わなければなるまい。

かくして罪は、われわれ自身を「在ること」の欠如へともたらし、それゆえ罪こそが「死の性」だとされる。その際、われわれが現に「生きている」と思っている今、実は「生きつつ死んでいる」などということになりかねない。[2] すべて人間は、自由・意志によってそうした非存在と死性へと落下する可能性を抱えている。それは確かに由々しいことであり、真に恐るべきことであろう。

ただしかし、その可能性に晒されているということは、人間が「真に在るもの、つまり神」に与りうる可能性を、いわば逆説的に証示していると考えられよう。従って、自由とはまさに存在論の要諦なのである。とすればわれわれは、いたずらに絶望してニヒリズムの類に閉じこもってはならないし、あるいはまた、あいまいな自己把握・存在把握に開き直って、即物的な快楽の追求などへ逃避してもならない。われわれはむしろ、自由の深淵を見つめつつ「いわば正しく不安になることを学び」、自らのうちなる「根拠の現前」に絶えず心披いてゆくべきであろう。

そこで改めて、頽落と罪の姿から脱し、根拠たる神（神的ロゴス）へと立ち帰ってゆく道が問われなければなるまい。そのとき具体的に問題となるのは、「諸々の情念の否定と浄め」、そして「善きかたちへの変容と甦り」ということの機微である。

二　情念の浄めと自己変容

右に述べたように、真の愛智（＝哲学）と修道との道行きにとっては、情念や罪との闘いが不可欠であった。が、その際、注意すべきは次のことである。すなわち、そこに目指されていたのは、さまざまな情念や身体的エネルギーなどが単に捨て去られることではなく、さらにはまた、身体（肉体）を離れた純粋霊魂の世界に没入することでもなかった。かえって、師父たちの生において真に目標とされ実践されていたのは、諸々の情念が一度び無みされかつ浄められることを介して、それらが新たに「善きかたち」へと変容し甦ることであったと思われる。そしてそのことには、「身体・質料の復権」とも呼ぶべき事態が潜んでいるのである。

偶像の破壊と再形成――「金の子牛」の象徴的解釈――

旧約聖書の『出エジプト記』には、「金の子牛」という偶像についての興味深い叙述がある（第三一―三二章）。マクシモスは先行の教父たちと同様、その箇所を極めて象徴的に解釈している。そしてそれは、「情念の浄めと変容」という論点と密接に関わるものであった。

そこにおいては、一見遠い過去の歴史記述（ヒストリア）が、実はわれわれの「今、ここなる」生に、いわば同時的に関わることとして観想されている。そうした霊的解釈は、今日の実証的文献学的なものとは趣きを異にしているが、むろん単に恣意的なものではなかった。かえってそれは、聖書の歴史記述の根底に漲る神的働きに心披き、表面の字義に秘められた霊的な意味の次元に上昇してゆこうとするものであった。

神的な働き（エネルゲイア）ないし霊（プネウマ）は、恐らくは時と処とを超えて現存しつつ、しかもその都度の時間的歴史的な出来事のうちに働く。霊的象徴的な釈義と観想（テオーリア）は、そうした神的エネルゲイア・プネウマの現存の場に、われわれが自らの存在の全体として参与してゆく営みなのであった。その際、客体的対象的な静止した知の次元は超えられ、われわれの脱自的な志向と愛そのものが神的エネルゲイアの現存へと開かれてゆくのである。

さて、「金の子牛」の記述に至る歴史的背景を、まず簡単に確認しておこう。イスラエル民族の歩んだその道筋は、象徴的には魂・人間の普遍的な階梯とも解されるからである。

(i) イスラエルの民はモーセに率いられてエジプトでの隷属状態を脱した。そして紅海(葦の海)での奇蹟を経て、故郷を目指して荒野を進んでゆく。

(ii) そのときモーセは、既述のごとく、シナイ山にて再度の神の顕現(つまり「闇のうちなる神の顕現」)にまみえ、さらには十戒を授かった。

(iii) しかしその間、イスラエルの民は若い雄牛の金の像を造ってそれを拝し、偶像崇拝と放縦に陥った。

(iv) モーセは十戒の刻まれた二枚の石板を携えて、山を降りてきた。そして彼らの姿を見て怒り、十戒の板を投げつけ、金の子牛を砕いた。[3] そこで次のように記されている。

モーセは、彼らが造った若い雄牛の像を取って火で焼き、それを粉々に砕いて水の上に撒き散らし、イスラエルの人々に飲ませた。(出エジプト三二・二〇)

たったこれだけの既述であるが、マクシモスはそれを観想して、その霊的な意味を次のように説き明かしている。

〔知性(ヌース)によって受けとめられるときには〕情念のいかなる動きですら、観想が生じることを準備することになる。それは丁度、旧約における金の子牛のような場合であって、いかなる情念が生じても、知性はその存立そのものを砕き粉々にして、知の水に撒いた。こうして知性は、情念の裸の像を完全に破壊し、それらを自然・本性に適って完成された姿へと再形成するのである。(『神学と受肉の摂理とについて』III・六

〇、『フィロカリア』III所収）

これは、驚くべき洞察を含んだ言葉である。およそ情念は、単にそのまま廃棄さるべきものとは看做されていない。（もしそうなら、生気が失なわれるばかりであろう。）かえって、諸々の悪しき情念ですら、一度び打ち砕かれることによって、いわば自らを構成している要素へと解体され、再び甦らしめられよう。かくしてそれらは、「自然・本性に適合したもの」、「より善きもの」へと再形成されうるのだ。ちなみにこの点、食物の消化と吸収、あるいは知識の獲得とその血肉化などにおいて、同様に「要素への解体」と「新たな再形成」という過程が認められよう。

そうした過程は、「魂の善きかたち」たる徳（aretē）の形成においてこそ、最も顕著に現われてくる。すなわちその際、諸々の身体的質料的なものは、知性（ヌース）の働きによっていわば砕かれ、改めて創造の根拠（神的ロゴス）に委ねられよう。それは、無限なる神の前に身を差し出すような祈り・観想のわざである。かくして、有限な身体的質料的なもの（それらの力とエネルギー）は、根底での否定と浄化を蒙ることによって変容せしめられ、新たに魂・人間の徳（アレテー）へと再形成されるであろう。もとよりこれは至難のわざであるが、歴代の師父たちはそのことを身をもって証示している。

してみれば、情念の浄化と変容は、人間本性の全体が（つまり魂のみではなく、身体も含めた全体が）、「善きかたち」（徳）に再形成されてゆくための重要な契機となる。そしてこうした過程は全体として、「身体・質料の復権」という基本性格を有しているであろう。

一般的に言って古代ギリシア的諸伝統にあっては、身体や質料、そして時間などは、ややもすれば副次的なもの、脱ぎ捨てるべきものと看做される嫌いがあった。それに対してヘブライ・キリスト教の伝統、そしてとりわけニュッサのグレゴリオスやマクシモスにあっては、身体、質料、そして時間（動性）は、魂・人間の「神への道行き」＝「人間本性の開花」といった事態にとって、まさに本質的役割を担っているのである[4]。

欲望・快楽・畏れ・苦しみの変容のかたち

右のことからしてさまざまな情念は、根本的な否定と浄化を蒙るならば、今度は善きものへと変容して働くことになろう。ではそれは、具体的にはいかなるとき、いかなる仕方で生起してくるのか。この点マクシモスは、次のように洞察している。

> それはたとえば、われわれが欲望を、神的なものへの思惟的憧れという欲求的動きへと働かせるときである。また快楽を、神的な賜物への知性の意志的働きによる喜びに向け変えるときである。また畏れを、過ちの上に加えられるべき罰から自分を守るための注意とするときである。そしてさらに苦しみを、現にある悪を正すための悔改めとするときである。（『神学と受肉の摂理について』III・六六）

これは真相を見事に語り出した文章であるが、要点のみ確認しておこう。すなわち欲望は、「神的なものへの欲求」に変容しうる。快楽は、「賜物に対する喜び」に変容しうる。畏れは、「罰から自分を守るための注意」に変容しうる。そして苦しみ（受苦）は、「悪を正すための悔改め」に変容しうる。

さまざまな情念のこうした変容は、具体的な生活に即して言えば、悪しき情念と罪のうちにまどろみ、そこに埋没していた人が、心からの回心を経るときに、現に経験することであろう。そのようなとき、かつてその人を支配していた情念は新たなかたちに変容せしめられ、神的な意志に適うわざを為すために用いられてゆく。すなわち、身体ないし身体的力は、単に捨てられるのではなくて、根本的な変容とともにより善く用いられるのだ。

従って、そこに目指されていたのは、「身体やその力、エネルギーをいたずらに蔑し、魂のみが分離して天上に向かうような道」ではない。また、「何を意志し何を為そうが、自分の魂はそれ自身で神性を保持している」などとうそぶくことでもない。そうした一種グノーシス主義的な思想態度は、身体性を切り捨てた純粋な魂こそが真の人間・自己だとするものであろう。だがそれは、多分に自己把握の虚偽を抱え込んでおり、しかもその自己に開き直った姿である。(5) それゆえそこには、ほとんど無意識の傲りが支配しているのだ。それに対してマクシモスにあっては、魂と身体との全体としての変容と再形成の道が注視されていたのである。

三　「魂の三部分説」の受容と展開

「魂の三部分説」とは、周知のようにプラトンの『国家』において提示されている捉え方である(『国家』五八〇C―五八三Aなど)。それは、古代ギリシア的人間把握の特徴をよく表わしているものであった。証聖者マクシモスはニュッサのグレゴリオスと同様、そうした「魂の三部分説」を援用しつつ、古代ギリシア的伝統を多分に超えゆく洞察を示している。(それは、二つの大きな思想潮流の出会いと拮抗との縮図でもあった。)

実際、マクシモスの論には、プラトンと同じ用語を用いながらも、基本線としてある種の転調ないし変容が見られる。そのことは、前節で述べたような「情念の否定と浄化」、「身体・質料の復権」といった事態と密接に関わっている。そこで以下、マクシモスの語る「魂の三部分の把握」をめぐって、改めて問題の真相を窺っておくことにしよう。

気概と欲望との変容

「魂の三部分」とは、「ロゴス（言語・知性）的力」、「気概的力」、そして「欲望的力」の三つである。これらについてマクシモスは、確かにまずはプラトンの文脈と同じく、ロゴス的力が気概や欲望の力を支配し制御すべきだとしている。この意味では両者は、いわば「ロゴス的力のしもべ」なのである。

しかしマクシモスにあっては、気概と欲望は単に下位のものとしてあるだけではなくて、むしろ本来は、それらの悪しき傾きが否定されることを通して、「より善きものに変容しうるもの」として捉えられていた。こうした変容と甦りについて、代表例を挙げるとすれば、端的にこう言われている。

> 欲望と気概との力をロゴスに服属させている人は、次のことを見出す。すなわち、一方で欲望は、恵みにおいて魂が神的なものに汚れなく結合しているような快楽となっている。他方、気概は、神的なもののうちに快楽を守るような熱情となり、また、魂の没我的な力の欲求に即して、諸々の存在物から完全に離脱させるような健全な狂気となっているのである。（『神学と受肉の摂理とについて』Ｖ・五六）

これは簡単に言えば、欲望が「神的な快楽となりうること」、また気概が「善き没我・離脱へと向かう狂気となりうること」を示している。別の表現では、「欲望的力がふさわしく用いられると、神への愛の乗り物となる」とも言われている（『タラッシオスに宛てて』ＰＧ九〇、四四九ＢＣ）。つまり、欲望や気概などは、ロゴス的力によって秩序づけられ浄められることによって、新たに善きものに変容せしめられ、今度は魂全体を先導してゆく役割を担うことになるのである。

ところで、そこには身体（sōma）ないし身体性についての積極的な評価が含まれている。マクシモスによれば、「われわれは諸々の情念を捨てて、身体を徳（アレテー）のロゴス的働きの場としなければならない」（『神学と受肉の摂理とについて』Ｖ・二一）という。

このように捉えられた身体は、もはや単に副次的なものでも悪しきものでもなくて、「アレテーの働きの場」となることへと定位されている。従って身体（肉体）は、古代ギリシア的伝統におけるよりも遙かに積極的な役割を担っているのだ。そしてそこに、「身体の復権」という事態が認められよう。が、それはむろん、魂と身体との全体に関わることであった。

〔気概と欲望との変容にあって〕魂と身体とは、感覚が知性に対して霊的に変容することにもとづいて、霊（プネウマ）の神的な法のみによって互いに結合する。そうした変容によって魂と身体は、ロゴスのつねに働いているような生きた働きを有している。（『神学と受肉の摂理とについて』Ｖ・五五）

ここには、「感覚が霊的に変容する」とすら言われている。そのようなとき、先述のように快楽や狂気などの意味も積極的なものへと大きく変容する。われわれはそこに、魂と身体との関わり（いわゆる心身関係）の最もあるべき姿、つまり「より善き変容・再形成の姿」を見ることができよう(6)。

ロゴス的力そのものの否定と甦り

さて、今一つ注意すべきは、マクシモスにあっては、魂のロゴス的知性的力そのものも不変な完結したものとして捉えられてはいないということである。ロゴス的力すら、本来の自然・本性に反した悪しき方向に働きうるのだ。であればこそ、ロゴス的力は「祈りと観想によって神に向かうとき、はじめて善く働きうる」とされる。言い換えれば、ロゴス的力もまた、それが傲りに傾くものたる限りで、一度び根底から打ち砕かれなければならない。

この意味では、ロゴス的力は「それ自体で端的に善い」のではなくて、むしろ祈りと観想によって翼が与えられてこそ、「自然・本性に従って」善く働きうるであろう。(それは当初からの表現で言えば、魂・人間が神的働き、愛の矢を受け、己れを超え出て神への愛に促される姿である。) この点、集約的にこう語られている。

> 魂の気概的力を愛によって帯せよ。欲望的力を自制によって弱めよ。そして、ロゴス的力に祈りによって翼を与えよ。そうすれば、知性(精神)の光は決して暗くされることがないであろう。(『愛についての四百の断章』IV・八〇)

かくして、われわれの有するロゴス的知性的力が神性・善性の超越的な働き(エネルゲイア)に対して自らを全面的に委ねるとき、その自己否定を介して、人間本性それ自身が神性の働きの器・場とも道具ともなりうるであろう。魂・人間が真に自然・本性に適って善く働きうるのは、そうした逆説的な仕方においてなのだ。恐らくはそこに、人間という存在者の謎・神秘が存しよう。そこで次章においては、そのことを見つめつつ、人間的自然・本性が全体として開花し成就してゆく道の意味と根拠とを、さらに問い進めてゆくことにしたい。

三位一体、アンドレイ・ルヴリョフ、モスクワ、
トレチャコフ美術館、15 世紀

第五章　人間本性の開花・成就への道——「神と人間との協働」と「信」——

周知のごとく、「われわれはわれわれの似像と類似性に即して人間を創ろう」（創世一・二六）とある。旧約聖書のはじめに高らかに宣言された人間把握である。[1]（「われわれ」とは、内実としては「一なる神」を示すと解される。）証聖者マクシモスは、その文の「似像」（eikōn）と「類似性」（homoiōsis）という語について基本的には、神のエイコーンという萌芽的な姿が人間に生来与えられ、それがホモイオーシスへと展開し成就してゆくべきだとしている。この点、両者をほぼ同義語と看做すニュッサのグレゴリオスやアウグスティヌスとは、強調点がやや異なる。が、いずれにせよ、萌芽としての姿からその完成へという動性（ダイナミズム）が人間本性の本質に関わるという点では、代表的教父たちは軌を一にしていると言ってよい。

マクシモスはそうした人間本性の道行きの意味を、すぐれて存在論的な文脈の中で説き明かしている。そこでまずその文脈に拠りつつ、改めて問題の基本構造を見定めてゆくことにしよう。

一　「善く在ること」の成立

「在ること」から「善く在ること」へ

マクシモスによれば、人間はその本性上、単に「在ること」から「善く在ること」へと定位されている。これは、エイコーンからホモイオーシスへの成就・完成の道を、「在る」と「善い」（存在と善）との関係の中で捉え直したものであろう。すなわち、「在る、存在する」ということの意味（志向）は、「善く在ること」（徳、アレテー）という「善の現出」の機微を問うことにおいて明るみにもたらされることになる。

いわゆる自然界（対象的客体的な自然）には、勝義の善は現われない。一言で言うなら、動物にしても与えられた本性（種）のままに生き、動いているだけで、「自由」と「個」は未だ顕在化していない。つまり、動物は勝義には悪を為さず、罪を犯すこともないのだ。それに対して、人間のみが勝義に悪しきことを為し、そして罪（自然・本性に背反するわざ）を犯してしまう。そうした可能性は、人間がロゴス（言語・知性）的で自由な存在者であるということに不可避的に伴っている。が、であればこそ、そのことは同時に、人間が「善の現出」に勝義に関与しうる可能性をいわば間接的に指し示していると考えられよう。

それゆえ「善の現出か、否か」という事態には、われわれの自由・意志の働きが不可欠の媒介をなしている。しかもそれはマクシモスにあって、「存在の問題」の中心的位相に関わることとして捉えられていた。そこで、とりわけ注目さるべきは、『難問集』における次の表現である。

人間にとって可能な普遍的な存在様式として……神は、人間が「在り」（einai）、「善く在り」（eu einai）、さらには「つねに（永遠に）在る」（aei einai）べく存立させた。それら三つのもののうち、両極は原因たる神によってのみ成り立つが、中間の在り方は、われわれの自由な意志と動きに依存している。しかし、そうした中間のものを通してこそ、両極についても正しく語られることになるのだ。すなわち中間の「善く在ること」というかたちが発動し現存しなければ、両極としての「在る」および「つねに在る」ということを名指すことも空しくなるであろう。すなわち、「善く」ということが自由に〔意志的な仕方で〕結合することがなければ、他の仕方では両極における真理が現前することも守られることもない。そして、「善く在ること」という中間のものは本来、両極と結びついて真理をあらわにする（形成する）のであり、あるいは、神への絶えざる動きによって志向している真理をあらわにするのである。（『難問集』ＰＧ九一、一一一六Ｂ）

この文章は、マクシモスの愛智（＝哲学）の探究において一つの要となる洞察を含んでいる。そこに読み取れるのは、「善く在る」という中間の「動的かたち」が発動したとき、はじめて「在る、存在する」ということの意味（志向と拡がり）が何らか明るみにもたらされるということである。つまりその際、自らの「在ること」が静止し完結したものではなくて、本来は超越的存在（「つねに在ること」そのもの）へと開かれた動性（ダイナミズム）を有していることが知られてくるのだ。ちなみに、この文脈での「善く在ること」は、「つねに〔善く〕在ること」（無限なる存在、神）へと絶えず開かれているので、「より善く在ること」という比較級的意味合いを含んでいる。

ところで、くだんの「わたしは在る」（ego eimi）という神名は、そして端的な「存在そのもの」は、すべての形相的限定を超えており、無限性そのものであった。従ってそれは、いわば「否定の極み」、「超越の闇」であって、それ自体としてはこの有限な世界のどこにも現われえない。しかし右の引用文によれば、「善く在ること」という中間の「動的かたち」の現出が、両極の「在ること」と「つねに在ること」との真理（真相）をあらわに指し示しているという。なぜそう言えるのか。また、「善く在ること」はいかにして現に成立し発動してくるのか。

このように問うときわれわれは、先述の「闇のうちなる神の顕現」（出エジプト記）や「花嫁（＝人間）における愛の傷手」（雅歌）といった事態が、今問題にしていることと深く呼応していることに気づかされよう。「善く在ること」の現出してくるのは、自らの心身の全体が神的な働き（エネルゲイア）に貫かれ、無限なるもの（神性）へと促されたときであろう。そのようなとき、自己の仮初の存在基底はある意味で突破され、いわば浮動化してくる。それ以前には、さまざまな欲望ないし欲求に捉われ、そこに多分に埋没していた。そうした姿には、有限なもの（権力、財、快楽、名声等々）への執着が潜んでおり、その根底には結局、己れ自身への執着と傲りが存しよう。だが、そのような自己の姿が何らかの契機によって無みされ浄められるとき、そこには、己れの力を超えた神的働きが確かに現前しているのだ。「善く在ること」という動的かたちが発動してくるのは、そうした神的エネルゲイア・プネウマとの出会い（カイロス）においてであろう。

「無限なる善（神）」の顕現のかたち

ところで、「善く在ること」という中間の志向的かたちは、先の表現からすれば、「無限なるもの（神性、善性）への絶えざる動き」のうちに、つまり「神への愛」のうちに、自らの志向している真理をあらわに示している。この意味で、「善く在ること」の現出は、「つねに〔善く〕在ること」（＝神）が宿り、いわば超越的内在として顕現してきた姿であろう。

とすれば、神ないし神性が何らか知られるのは、ただそのような仕方においてなのだ。つまり神は、われわれにあって絶えず己れが無みされ、己れの全体が神へと開かれてゆくような脱自的愛として、勝義に宿り顕現してくると考えられよう。端的に言えば（ニュッサのグレゴリオスに即してすでに述べたように）、神は、「神への愛として」、「善への志向的かたちとして」現出してくるのである。そしてこのことは、マクシモスにあってアレテー（徳）という言葉の指し示すところであった。

二　神の受肉したかたちとしてのアレテー

アレテーの意味と射程

アレテー（aretē）とは、古代ギリシア哲学にとって最も重要な言葉の一つであった。それは元来、それぞれのものの有する「善さ」を表わす言葉であり、とくに「魂の善さ、徳」を意味する。マクシモスはそうした古代ギリシア的伝統を視野に収めつつも、「受肉した（身体化した）神」としてアレテーを捉えている（『難問集』ＰＧ九一、一〇三二ＡＢ）。それは驚くべき表現であるが、そこには、「いかなる有限な姿において無限なる神が顕現しうるのか」に関する根本的な洞察が含まれている。アレテーという一語についてのその捉え方には、改めて言うなら、古代ギリシア的伝統の「受容、拮抗、超克」という大きな思想史的ドラマの存することが窺われよう。

実際、われわれが外なる世界にいたずらに神を探し求めても、神はそれ自体としては決して見出されない。神は恐らく、魂・人間の善きかたちたる「アレテーのうちに」、あるいはむしろ「アレテーとして」勝義に現出してくるのだ。そこでマクシモスは、そうしたアレテーの意味と射程について、さらに次のように語り出している。

> 人間は、本性的に見えざる神を諸々のアレテーを通してあらわにした。それほどに人間は、知性（ヌース）にもとづいて、知られざるものの知へと神によって引き上げられる。そして言葉と観想によって為される愛智の営みによって、聖人たちは神への欲求へと誤りなく向けられる。その際、愛智にもとづいて身体の自然・本性もまた、必然的に高貴なものとされるのだ。そのようにして彼らは、自らに宿った自然・本性的な顕現の姿（アレテー）によって、ふさわしい仕方で神に近づいたのである。（『難問集』ＰＧ九一、一一一三ＢＣ）

この文章から、次の二つの事柄を確認しておこう。

(i) 本性的に見えざる(知られざる)神は、アレテーという「人間本性の善きかたち」として、この世界に何らか顕現・受肉してくる。それに応じて、人間は神的境位へと引き上げられてゆく。

(ii) 人間のそうした道行きは、魂と身体との結合体たる人間の、全体としての変容をもたらす。そしてそれは、「身体も高貴なものとされる」とあるように、「身体の聖化」とも呼ぶべき事態をおのずと伴っている。

これらのことからして、人間が神(真の存在)に与りゆく道は、グノーシス主義の類が主張するような、「身体を排除して魂のみが天上の永遠界に帰ってゆく道」ではありえない。かえって、われわれにとって神への関与は、あくまでこの身において、そして時間性、動性の中で何らか生起しうるであろう。それゆえアレテーとは、そしてつまり「善く在ること」、「善く生きること」とは、一つの限定された形相(エイドス)に留まるものではなくて、あらゆる形相的限定を超え出て無限性へと開かれた動性(ダイナミズム)としてあるのである。

アレテーと幸福

右のような基本性格を有するアレテーは、マクシモスによればまさに幸福を成り立たせるものであった。これについては、極く簡明にこう語られている。

> 神的な正義は、この世で人間的なものを評価して富や健康や他の評判高いもので自分を飾っている人々を、価値ある者とは看做さなかった。かえって、魂の諸々の善きものを尊び、神的で永遠的な善きものに与る人々のみを幸福な者とするのだ。……それゆえ、たとい身体や外的なものに属するさまざまな善きものが取り去られても、諸々のアレテーさえ残るならば、幸福たることは何ら欠けることなく存続する。なぜならアレテーは

自己充足的であって、アレテーを持つ人はそれだけで幸福だからである。しかし他方、すべて悪しき人は、たとい地上の、ふつう善いと思われるものを余すところなく所有したとしても、諸々のアレテーを欠いているので、憐れむべき悲惨な者なのである。(『難問集』PG九一、一一七二C—一一七三A)

これは実は、「傲れる富者と貧しいラザロ」の物語について述べられた文章である(ルカ伝第一六章)。ラザロは生前、極めて貧しく、また腫物でただれ、富者の門前に座すばかりであった。が、死後、アブラハムの懐に導き入れられた。富者は死んで、黄泉にて苦悩のうちに眼を上げたとき、遙かにアブラハムとラザロを見た。憐れみを請う彼に対して、アブラハムはこう告げる。「子よ、思い出すがよい。あなたは生きているとき諸々の善きものを受け、ラザロは悪しきものを受けた。今、ここで彼は慰められ、あなたは悶え苦しむのだ。そしてわたしたちとあなたたちとの間には大きな淵があって……互いに渡ることはできない」(ルカ一六・二五—二六)。

マクシモスは福音書のこの記述を受けとめ、それを「今、ここ」なるわれわれの生に関わることとして霊的かつ象徴的に解釈している。文中の「大きな淵」とは、「身体とこの世に対する欲望、執着」だという。永遠なるものに達しようとする人は、朽ちる衣なる肉をまといつつ、その淵を超えてゆかねばならない。しかし富者はこの世にしがみつき、赦しの外に放置される。そして、来たるべき生は、それへの欲求ゆえにすべての苦しみを喜びをもって耐え忍ぶ人々によって獲得されるとされる。

ところで「アブラハムの懐」とは、「アブラハムの子孫から肉に従ってわれわれに現われた神(受肉した神、ロゴス・キリスト)」のことと解されている。そうした存在こそ、「それぞれの人のアレテー(徳)に従って」ふさわしい人に恵みを与えるのだ。それは丁度、「キリストがさまざまな牧者に、しかも分割されぬ仕方で自らを分かち与えるようにだ」という(『難問集』PG九一、一一七二B—一一七二C)。

ロゴス・キリストについてはさて措き、ラザロとアブラハムに関するマクシモスの叙述は、こう締めくくられている。「善き人は、たとい地上の善きものをすべて欠いても、アレテーの輝きを有しているので幸福である。ラザロは、その輝きとともにアブラハムの懐（受肉した神）のもとで安らぎを得て喜ぶ」と。

このようにマクシモスは、「この世と黄泉とを分けた物語的な語り口」を後にし、「今、ここなる場面」に即して象徴的解釈を示している。すなわち、われわれのすべてのわざ、すべてのかたちは、その字義的な閉ざされた意味領域がいわば突破されて、「永遠的な善きものとしてのアレテーが成立しているか否か」という、ただ一つの規範から評価されているのだ。そうしたアレテーは「神の受肉した（身体化した）かたち」という意味合いを有したが、それは、もはや単に死後の話ではなくて、まさにこの生にあって、すべての人が関与してゆくべきものとして捉えられていたのである。

三　神と人間との協働——信・信仰の類比に従って——

超越的な神性（善性）の働きに対して「善く応答し」、「善く意志すること」は、人間本性が変容し開花してゆくための不可欠の契機であった。が、その際、神性の現存する働きに善く応答してゆくということには、それが現実に生起しうる根拠（原因）を問うてゆくと、ある種の不思議な循環の存することに気づかされよう。それは一言で言えば、「神的働きと人間的自由との関わり」のうちに見出されるものであって、古来難問の最たるものであった。

このことについてマクシモスは、先行の教父たちの伝統を継承しつつ、一つの根本的な洞察を示している。その眼目はあらかじめ提示するなら、神的な働きないし恵みが「信・信仰の測り（類比）に従って」顕現してくるということに存した。そしてそこには、人間という存在者が「存在（＝神）の現成を担う者となること」の——それは取りも直さず「人間本性の開花・成就」でもあろうが――機微が潜んでいるのである。

ちなみに、「善く在ること」としてのアレテー（徳）はマクシモスによれば、「人間的な弱さと神的な力との結合でもある」（『神学と受肉の摂理とについて』Ｖ・七六）。それゆえ、人間本性の弱さに閉じこもり、その欲求とわざに執着するならば、われわれは超越的な神性の働きを自ら塞いでしまうことになろう。そうした魂の姿から、放縦や迷い、あるいは俗的なもの、功利的なものへの開き直りなどが生じるのだ。そのことは具体的な生活においてはさまざまなかたちを取ってくるが、それらの根底には、ほとんど無意識の自己愛と傲りが存する。

従って、前章で述べた「情念と罪との否定、浄化、そして変容」という道が、己れ自身のうちに求められることになる。これについては繰り返さないが、以下の考察は、前章での主題を別の角度から吟味し、その中心的場面をさらに問いゆくものとなろう。

信・信仰の測りないし類比

神性（善性）のある種の宿り（アレテー）とは、神性の必然的な流入によって生じるものではなかった。かえってそれは、神性の働き（エネルゲイア）に意志的に聴従することを介して、はじめて生起しうるであろう。そこに、神的働きと人間的自由の働きとの協働が語られることになる（『難問集』ＰＧ九一、一〇七六Ｄ）。マクシモスはこの点、神的な働きつまり霊（プネウマ）と、人間におけるその受容・顕現との関わりについて、次のように洞察している。

神的な使徒（パウロ）は、聖霊の異なった働き（エネルゲイア）を異なった賜物として語る。ただ、それらは明らかに、同一なる霊の働いた姿なのだ（一コリント一二・一一）。それゆえ、もし霊の顕現が、賜物への与りを通して各人の信・信仰（pistis）の測りに従って与えられるとすれば（ローマ一二・一二）、信じる人は明らかに、信の類比（アナロギア）とその人の魂の状態とに従って、霊の相応する働きを受容する。そしてそうした霊の働きは、個々の掟を実行するに適した習性を各人に賜物として与えるのである。（『神学と受肉の摂理とについて』III・九六）

これによれば、まず、神的な霊（プネウマ）の働きは、働きの主体としては同一であり、それゆえにまた、有限な世界を遙かに超えた起源を有すると言うべきであろう。（ただし、そのことはいわば、志向的な知として指し示されるだけである。）しかし、それは他方、この有限な世界における働き（エネルゲイア）としては、あくまでそれに心披く人の「信の測りに従って」受容され、その分だけ顕現してくるのである。

従って、この世界（この身）における「神性の顕現」、「存在の現成」ということのうちには、無限なるものと有限なるものとの微妙な関係性が漲っている。つまり、神の霊はつねに降り注いでいるとしても、われわれが心披く度合に従って受容され、それだけ具体的に現出してくるのだ。とすればそこには、超越的で無限な働きが有限なかたちにおいて、またそれとして宿り来たるという、何らか類比的な構造が見出されよう。

ところで、「それぞれの人のうちなる異なった働き・活動に従って、同一の霊が異なった名称を取ってくる」という。聖書の随所に見られるように、同一の神的ロゴス・キリスト、神的霊（プネウマ）が多様な仕方で顕現し、さまざまな名で呼ばれるのだ。たとえば、「主」、「生命の糧（パン）」、「水」、「火」、「泉」、「門」といった具像的名称によって、また「生命」、「聖霊」、「復活」、「真理」などの名称によって呼ばれている。(2)

本書ではそれぞれについて言及している暇はないが、見落としえないのは次のことである。すなわち、それらの名称によって神や神的ロゴスの実体・本質（ウーシア）が知られるのではなくて、さまざまな人間的経験における神的働き（エネルゲイア）が、その経験の根拠を遙かに指し示しているのだ。端的に言えば、さまざまな神名は、「エネルゲイアの名」であり、「経験の名」なのである。

類比的な関係

神のロゴスと霊は、時と処とを超えて働いているとしても、「信の測りに従って」この世界に顕現してくるとされた。ただそのことは、神性ないし善性（恵み）の無償で永遠的な働きに対して、殊更に外から限定を加えているのではあるまい。では、いかなる関係性の論理がそこに隠されているのか。そこでまず、およそ神的働きの顕現に共通する契機を、代表的表現に即して確認しておく。

> 各々の人は、自らのうちなる信・信仰の類比に従って、聖霊の明らかな働きを獲得する（ローマ一二・三）。つまり各人は、自分自身の恵みのいわば執事なのだ。それゆえよく思慮を巡らせて、さまざまな恵みを享受している他の人を、決して妬んではならない。諸々の神的な善きものを享受する状態は、各々の人に依存しているからである。（『神学と受肉の摂理とについて』V・三四）

それゆえにまた、各人の「信の測り（度合）」は、諸々の神的な善きものが現出することの原因なのだ。そして各人は、自らの「信の測り、類比に従って」それぞれの恵みを受容し、享受することになるのである（同、V・三五など）。

さて、右のような表現は、超越的な神性・善性が単に世界の彼方に存在しているだけではなく、真に実在的な仕方でわれわれのうちに顕現してくるための、ある類比的構造を示していると考えられよう。それはすなわち、次のような意味においてである。

もし仮に、神性の働き、恵みがわれわれの自由・意志とは無関係に一方的に降り注がれるとするときには、それは一見、恵みや憐れみの超越性と無償なることとを強調しているとも思われよう。しかしそこにあっては、人間の自由が何ら働くことなく、いわば埋もれたままであろう。従って、神的な働きに自由に応答しつつ、実在的に関与しているとは言いがたい。つまり、神的な働きや恵みがいたずらに超越化されるとき、人間本性は神的働きとの実在的な関与から切り離されて、ただはかなく願望するということになろう。

してみれば、そのようなときわれわれは、自らの存立根拠（神のロゴス）に善く応答してはおらず、自由なロゴス的存在者としての自らの本性を発現させていないのだ。それゆえ、そこに信仰というものが語られたとしても、それは未だ自由・意志の同意によって「神的働きを宿したかたち」ではなくて、超越の彼方へのある種の要請に留まるのである。

しかるにマクシモスの把握によれば、「信の測り、類比に従って」神的な働きないし恵みが受容されてくる。つまり神的働きは、何らか類比的な仕方においてであれ、現実にこの身に宿り顕現しうるのだ。それは、「信の類比（アナロギア）」とも呼ぶべき事態である。その際、神的な働きと人間的自由の働きとは、決して対立するものではなくて、微妙な実在的関係のもとにある。信の類比とは、自由の働きが神的働きと全く相容れないのではなく、また一挙に合一するのでもなくて、類比的な仕方で現に結合し関与してゆく微妙な関係性を示しているのである。

神と人間との協働

ここにとりわけ想起さるべきは、パウロの次の言葉である。それは、われわれのうちに働く「神の働き」と「人間の意志の働き」との不可思議な関わりを、鮮やかに語り出す言葉であった。

それゆえ、あなたたちが〔神に対して〕つねに従順であったように、わたしがともにいるときだけでなく、いない今もなおさら従順でいて、恐れおののきつつ自らの救いを達成するよう努めるがよい。なぜならば、あなたたちのうちに働いて、御旨を為さんために〔善きことを〕意志させかつ働かせておられるのは、神だからである。（フィリピ二・一二―一三）

この文章は、「神の子キリストが己れを無化して受肉し、十字架の死に至るまで従順であり」、「それゆえ〔神のもとに〕高く挙げられた」というくだりに続くものであった。これらは、いわゆる受肉、受難、復活そして高挙を語る文脈である。従って、引用文中の「従順（聴従）」という語には、「己れに死んで自らを全く神に委ねる」という意味合いがこめられている。

それはさて措き、ここにとりわけ注目すべきは次のことである。すなわち、「われわれのうちに働く神」（という主語）は、ギリシア語原文からして、御旨を為さんために（つまり、善きことを為さんために）、われわれの「意志することと働くこと」をしも目的（対象）としている。[3]

従って、神と人との働きは単に対立するものでも二者択一的なものでもない。かえって、「人間的意志の善き働きのうちに」、また「人間的意志の善き働きとして」神的働きが顕現してくるであろう。神性の徹底した超越性ゆえに、その働き（エネルゲイア）は人間的意志のうちに最も深く内在しうるのだ。[4] そしてパウロの言から窺われるように、神は人間の意志的働きをしも、神自身の働きの場とも道具ともするのである（ローマ六・一三、一コリント三・一六など）。しかしそのことは、人間が神的働きに対して自由に聴従するときにこそ、はじめて勝義に生起してくると言うべきであろう。そのとき、ある意味で「神と人間との協働」という事態が生じているのである。

してみれば、神の恵み（恩恵）というものを、「人間の自由・意志」や「魂・人間の善きかたちとしての信」から隔絶した絶対的なものと捉えることは、恵みなら恵みをいたずらに祭り上げることになろう。人間的自由が廃されないためには、また人間がロゴス的存在者でなくならないためには、神性が人間的意志を強制的に動かし奴隷化させるのであってはならないのだ。

もとよりわれわれは、己れを閉ざして神性の働きの受容を拒むことができる。罪というものもまた、そうした「意志の転倒」、つまり「自然・本性への背反」にこそ存した。だが他方、われわれが善く意志し、よりゆたかに神性の働きを受容しうるのは、神性の根源的支えあってこそであろう。それはつまり、周知の「ぶどうの樹の喩え」において、「枝が樹につながっていなければ、自ら実を結ぶことはできない」（ヨハネ一五・四）と語られている通りである。

ところで、神性の働きに善く応答し聴従すること、信じることは、「関係性そのものを全く超えた存在」との関係である。それゆえ、そうした存在への関与は、直接的な仕方によってではなく、「信の測り、類比に従って」自由な意志的聴従を介してはじめて、より善く生起することになろう。言い換えれば、神の前に赤裸に己れを委ね聴従するときにこそ、われわれは、そうした受動の極みにおいて、真に能動的にかつ善く意志しうるであろう。

そうした意志的聴従ないし信という動的かたちは、取りも直さず、この有限な世界に神性が何らか顕現してきた姿なのだ（ヘブライ一一・一参照）。つまり信（ピスティス）とは、神的な働き（恵み）を人間に可能な仕方で受容し宿した「類比的な知」であろう。（名詞としての信はむろん、神の端的な直視・知ではありえないが、やはり知のカテゴリーに属する。）

かくして人間は、自らの自然・本性の形相的限定を超え出て、無限なる存在（神）の顕現を何ほどか担うものとなりえよう。言うまでもなく、神性・善性と人間本性との間には無限の隔たりが存する。が、意志的聴従によって神性の働き（エネルゲイア）を能う限り受容してゆくならば、われわれのうちに神性への類比的な関与が現出しうるであろう。[5] そしてそこにこそ、人間本性の変容と開花・成就への道が認められる。

　その道にあってわれわれは、自然・本性への背反としての罪に、つまり自由の深淵に、その都度晒されている。であればこそわれわれの歩むべき道は、情念や罪との戦い、そしてその否定・浄化というかたちを取るほかはない。それゆえ、そうした道行きは、神の憐れみの前に絶えず己れを委ねることを通して、何ほどか現成してくると考えられよう。

第六章　愛による統合と他者――全一的交わりのかたち――

人間本性の開花・成就の道とは、単に個人の内面に閉ざされたものではありえず、恐らく、さまざまな他なるもの（他者）とのより善き交わりのうちに成立してくるものであろう。マクシモスによれば、人間は「諸々の自然・本性（存在物）の紐帯」として、万物を結びつけ統合する役割を担っている。そしてアレテー（魂の善きかたち、徳）は、人を自己自身に結びつけ、同時に他者に結びつける力を有するものとして捉えられていた。

このことはひいては、人と人、人とものとの「全一的な交わり」（エクレシア）という問題に連なる。しかもその際、キリストの名は、万物の全一的交わりを根拠づける存在（つまり「エクレシアの頭」）として、いわば宇宙論的な拡がりの中で語られていたのである。

そうした他者や共同体、そしてその成立根拠といった事柄は、これまでの論述では表立っては触れないままであった。が、それは、いかなる問題の場面にも実は深く関わっているのである。そこで本章では、広義の他者の問題を顕在化させ、その意味と射程を明らかにしてゆくことにしよう。

一　アレテーの統合と愛

自然・本性の紐帯としての人間

言うまでもなく人間のうちには、無生物、生物、植物、動物といったすべての要素が含まれ、それらが一つの自然・本性へと統べられている。人間のロゴス・知性的な働きが、諸要素を一に統べる力として働いているのだ。あるいは知性（ヌース）、意志などの名は、そのように一に統べる「働き（エネルゲイア）の名」だと言ってもよい。それゆえ人間には、植物や動物などに比して、いわば「一性の度合」のより高い姿が備わっている。しかも、それはさらに、アレテーという「一性のいっそう高次の姿」へと本来は定位されているのである。

従って、「一性の度合」として、あるいは「神的エネルゲイアの発現の度合」として、次の三つの階梯が見出されるであろう。

（i）人間以外のさまざまな存在物も、それぞれの名（形相）を保持している限りで、何ほどか一性（実体としての存在性）を有する。（あるいはむしろ、与えられている。）むろんそれらには、一性の度合の隔たりがあるが、非ロゴス的存在物という点では共通している。

（ii）人間にあっては、ロゴス的知性的力の働き（意志も含めて）によってさまざまな物体的感覚的要素が統べられ、一性の度合が飛躍的に高まっている。ただしこれは、人間の「在ること」（人間本性）に生来与えられた姿であって、必ずしも意志や努力に依存しているわけではない。

（iii）だが人間はさらに、「善く在ること」というアレテー（徳）の姿へと変容・形成されうる。これはいわば「善の現出」でもあるが、そこにおいては一性ないし存在性が、いっそう高い次元のものとして顕現していると解されよう。つまり、「善く在ること」は、「より大に在ること」でもあるのだ。「在る」と「善い」（存在と善）との微妙な関わりが、そこに見て取られよう。

こうした「善く在ること」の成立は、むろん必然的なものではなくて、すでに述べたようにわれわれの自由な意志・択びに依存している。そしてわれわれは、反対の悪しき方向にもつねに晒されているので、「善く在ること」（アレテー）は、悪や罪への意志的傾きが絶えず無みされるといった「否定と浄化との契機」を介して、はじめてこの身に（この時間的世界に）顕現しうるのである。

右のような三つの階梯は、「神的エネルゲイアの発現」の、そしてつまりは「神の現成」の階梯であろう。とすればここに、一つの見通しとして、すべての被造的事物はある意味で、神的エネルゲイアのより大なる発現へと定位されているのだ。そうした全体的動向にあっては、人間も他の存在物もそれぞれが別箇に孤立しているのではない。かえって、それらすべては本来、多様にして一なる「全一的交わり」を形成することへと開かれていると考えられよう。

言うまでもなく今日、地球上の動物、植物、生物などすべてが相関し、一つの統一体となっている生態系については、さまざまに問題とされている。が、マクシモスはそのことを、いわば「創造と再創造における人間の役割」という、より大きな動的構造のもとに捉えている。すなわち、一言で言っておくとすれば、人間を紐帯として万物が「宇宙的神化（神的生命への与り）」へと参与してゆく道が見つめられていたのである。[1]

感覚的なものと思惟的なものとの類比的関わり、そしてアレテーの成立

問題の収斂してゆくべき方向を右のように窺った上で、改めて「感覚的なもの、思惟的なもの、そしてアレテー（徳）の重層的な構造」を見定めておこう。この点、まず次のように語られている。

感覚されるものとは、五つの感覚を自然・本性的に構成する要素である。……同様に、思惟によるものとは、諸々のアレテーを自然・本性的に構成する要素であり、魂の諸々の力に関わって、それらが霊（プネウマ）に向かって単一形相的に働くようにさせる。……だが諸々の感覚は、魂の諸々の力をしるしづける似像と呼ばれる。つまり、魂の道具としての各々の感覚、あるいは感覚されるものは、何らか神秘的なロゴス（根拠）によって、類比的な仕方で魂のそれぞれの力に自然・本性的に配分されているのである。（『難問集』ＰＧ九一、一二四八ＡＢ）

ここに見られるように、感覚的なものと思惟的なものとは、決して分離し独立しているのではなくて、本来は類比的に関わりながら、霊的な一性のかたち（形相）へと向けられている。そのように高次のかたちに形成されゆく際、身体の諸力と魂の諸力との間には、それぞれ次のような類比的関わりが存するという。すなわち、（ｉ）、視覚は、思惟的力ないし知性（ヌース）に属し、（ii）、聴覚は、ロゴス（言葉）に属し、（iii）、嗅覚は、気概的力に属し、（iv）、味覚は、欲望的力に属し、（ｖ）、触覚は、生命的力に属する。

こうしたうがった説明が為されるが、それぞれの対応は、単に静止し固定したものではない。かえってそれらは、魂が自らの諸力に応じたアレテー（徳）を形成することによって、異なり・分離を超えて結合されてゆくという。そこでマクシモスは、右の（ｉ）から（ｖ）に共通のこととして、次のように洞察している。

魂は、もし固有の力によって諸々の感覚を善く用いるならば……神の法に従ってそれらの感覚的な力に自然・本性的に関与し、感覚されるものへと多様な仕方で移りゆく。そして魂は、見られるものすべてを知恵のある仕方で自らの方へ移し入れることができる。そのとき神は、見えるもののうちで告知されつつも隠れている。しかし、神は自らの意志にもとづいて、〔神的な〕思惟（知）のうちに最も美しい霊的な世界を創ったのだ。すなわち、思惟的に、かつ霊（プネウマ）に従って諸々のアレテーに満ちた世界を成就させるべく、神は構成要素として四つの普遍的アレテーを互いに結びつけるのである。（『難問集』ＰＧ九一、一二四八ＣＤ）

これは驚くべき内容を含む表現であるが、全体としてそこに示されているのは、感覚的なもののうちに秘められた神的な意図を（つまり感覚的事物の志向的意味を）読み取り、霊的次元へと高めてゆく道である。そこで、改めて次のことを確認しておこう。

（ｉ）その道においては、下位の感覚的なもの（自然物）も、単に蔑され排除されるのではなくて、思惟的なものへと包摂され、いわばロゴス化されてゆく。

（ii）そしてさらに、「神は、魂の諸々の働き（エネルゲイア）を諸々の感覚に結合させることによって、各々のアレテーを存立させる。」すべての事物は、アレテーというかたちに統合されるべく動的な構造のもとにあるのだ。この意味でのアレテー形成とは、諸々の自然・本性（人、もの）が異なりや分離の状態を脱して、より善き「一性のかたち」へと結合されることであった。そしてそこには、神的な霊（プネウマ）による新たな存在秩序が生じてくると考えられよう。

もとより現実の世にあっては、人と人、民族と民族等々の間に、小さからぬ偏見や悪意、偽り、妬みなどが生じ、争いと分裂を招来させることが余りに多い。しかし、真実のアレテー（魂の善きかたち）においては、そうした心の壁が打ち砕かれ、謙遜な祈り、他者への赦しが存しよう。そしてその限りで、たとい見えざるかたちにおいてであれ、他者との霊的な交わりが何らか成立しているのだ。が、このことは、次に述べる「アレテーの統合としての愛」において、より明らかに見出されることになる。

アレテーの統合としての愛

さてマクシモスは、右のような文脈をさらに押し進めて、個々のアレテー（徳）が結合し、ついにはそれら全体が統合されてゆく姿を語っている。あらかじめ言うなら、そうした道筋は、「思慮」、「勇気」、「節制」そして「正義」という四つの基本的アレテーにはじまり、それらがまず「知恵」と「柔和さ」へと結合し、さらにはそれらすべてが相俟って、「愛」（agapē）へと統合してゆくものであった。そのことについては以下、簡単に輪郭のみ見定めておこう。

（ⅰ）マクシモスの説明では、「思慮」とは、思惟的ロゴス的力が視覚や聴覚と交流し、それらによって感覚されるものに対して知的な働きを為すことである。

（ⅱ）「勇気」とは、気概的力が霊を宿したものとして、嗅覚ないし触覚と交流して働くことである。

（ⅲ）「節制」とは、欲望的力が味覚と交流し、そこに感覚されるものに対して適度な仕方で働くことである。

（ⅳ）「正義」とは、触覚を通して、またほとんどすべての感覚されるものをめぐる生命力を通して、それらの働きがあらゆる人々に対して、等しく、また秩序と調和ある仕方で配分されることである。

マクシモスはさらに、これら四つのアレテー相互の結合と、全体としての統合とを次のように語っている。

（ⅴ）「知恵」は思慮と正義との結合から生じ、「柔和さ」は勇気と節制との結合から生じるという。ここに知恵とは、「諸々の知られるもの（知）の限度・終極」であり、柔和さとは、「為されるもの（実践）の限度・終極」である。

（ⅵ）最後に、知恵と柔和さとが結合して、「最も普遍的なアレテーとしての愛」が生じるという。そうした愛の特質は、己れ自身を超え出てすべてのものを神的ロゴスへと導き、それらに一性を与えることであった。それゆえ愛においては、身体や感覚的なものも含めて、すべてが相俟って神化（神的生命への与り）へと定位されているのである（『難問集』PG九一、一二四九A—一二四九C）。

ともあれ、真実の愛（アガペー）とは、諸々のアレテー（徳）が統合された姿であった。そうした愛は、まさに結合・交わりの根拠として、多様なもの、次元を異にするものを結びつけ、全体としての一性を与える。それゆえ、人間が諸々の自然・本性（存在物）を結合する紐帯として働きうるのは、勝義にはアレテーの極みたる愛によってだと言うべきであろう(2)。

かくしてすべての事物は、ある意味でアレテーの働きによって統合され、「より善き（＝より大なる）存在秩序」へと形成されてゆく。すなわち人間が、自らのロゴス的力をはじめとして、気概的力、欲望的力を正しく、「自然・本性に従った仕方で」用いるとき、人と人、人とものとはそれぞれの分に応じて、また全体として相俟って、「存在の現成」、「神の顕現」に何ほどか参与してゆくことになろう。

それはいわば、「自然のロゴス化」、「創造のわざの継続と成就」という意味合いを有した。それゆえ世界創造とは、決して過去に完結した出来事ではなくて、ほかならぬわれわれのロゴス的意志的働きを通して生起せしめられるべきことであろう。こうしたことは一見、大仰なこととも思われよう。が、その内実は既述のごとく、われわれが自らのうちなる「自由の深淵」を凝視しつつ自己自身を無みしゆくような、絶えざる否定・浄化の道なのである。

二　創造における人間の役割

五つの異なり、分裂と罪

マクシモスが大局的に捉え直すところによれば、「すべて生成するもの（被造物）のヒュポスタシス（個的現実）

は、五つの異なりに分かたれる。」そのことは、「神的ロゴス〔の働き〕を注視し、その役者となった人々から」（ルカ一・二）、およそ存在物の秘められた知として伝えられてきたことだという。その「五つの異なり（分割）」とは、まず簡単に列挙すれば、次のようなものであった（『難問集』PG九一、一三〇四D）。

（i）創られざる自然・本性（ピュシス）と創られた自然・本性（つまり神と被造物）

（ii）思惟されるもの（可知的なもの）と感覚的なもの

（iii）天と地

（iv）楽園（パラダイス）と人の世

（v）男性と女性

こうした異なりの姿は、マクシモスによれば、創造の最後にくる人間によって（創世一・二六―三一）新たに一性へと結合され一体化されるべきものであった。

しかるに現実の世にあっては、五つの異なりは多くの場合、善性の欠如（つまり「在ることの欠如」）たる分裂と頽落に陥っていると言わねばなるまい。そのことの原因を問い、根底に潜んでいる場面に遡ってゆくとき、すでにある程度詳しく論じたように、「神への意志的背反」としての罪というものに行き着く。そこにあっては罪とは、「自然・本性への背反」であり、同時にまた、「あらゆる自然・本性の根拠たる神的ロゴスへの背反」でもあったのである（『神学と受肉の摂理とについて』III・五六、五七など参照）。

この点については繰り返さないが、ここでとくに注意しておくべきは次のことである。すなわち、罪は単に個々の人の内面にのみ関わるものではなくて、広義の他者とのさまざまな分離と分裂をもたらす。それは、いわば存在論的な事態であるが、そこには次のように重層的な意味合いが潜んでいると考えられよう。

（i）罪のわざは、それを為す人自身の「在ること」を欠如的なものにしてしまう。つまり神への背反としての罪は、真の存在たる神から人間を分離させるのである。

（ii）それゆえ罪は、人間をいわば自己自身から（自己の「在ること」、自然・本性から）分離させ、ある種の分裂の姿へと陥らせる。

（iii）同時にまた、罪は、人を他者から分離させ、人と人、人とものとの分裂と無秩序をもたらしてしまう。

こうしてわれわれは、ほかならぬ自らの罪（自然・本性への、そして神への意志的背反）によって、「神に対して」、「自己自身に対して」、そして「他者に対して」分裂してしまうのだ。そしてそれらは、恐らく別箇のことではなくて、互いに重層的に連関しつつ根底においては一つの事態であろう。

しかし他方、われわれがそうした頽落と罪との可能性を否応なく抱えていることは、「より善き変容と再形成」への可能性をも有していることを逆説的に証示しているのであった。実際マクシモスは、人間本性そのものでもあるそうした「自由の可能性」を見つめながら、自他のさまざまな異なりと分裂とが一なる姿へと形成されゆく道を語っている。そこにあって人間は、創造のわざの継続と成就という観点からして大きな役割を担っているという。が、そのことはまた、容易ならぬアポリア（行き詰まり、難問）を孕む事態なのであった。

創造における人間の役割とそのアポリア

人間は、神的創造の最後に登場した存在者として、多なるものを己れのうちで結合し、一性へともたらしうるような「自然・本性的な紐帯」であった。つまり人間は、先述の「五つの異なり（分割）」をそれぞれに一体化させる役割を有しているのである。そこで、全体的な観点から次のように語られている。

人間は各々の異なりの両極におのずと関係しているので、それらの中間点にあってそれらを結合・一性へともたらす力を持っている。そうした力によってこそ、それら分割されたものの完成される道が可能となり、神的な目的の偉大な神秘があらわに顕現してくるのだ。……そしてその力は、諸々の実体におけるそれぞれの極に調和ある仕方で関わって、最も近いものから最も遠いものへ、また、より悪いものからより善いものへとそれらを高め、さらには神へと上昇して、結合・一性をそれらにもたらす。そのために人間は、諸々の実体の最後に生ぜしめられ、自然・本性的な紐帯として、諸々の部分を通して普遍的な極（頂き）を熟考し……大きな隔たりによって互いに自然・本性的に異なっているさまざまなものを、自らのうちで一性へと導くのである。（『難問集』PG九一、一三〇五BC）

ロゴス的存在者としての人間は、こうした全般的な道筋によって五つの異なりを一つに結びつけ、神（ロゴス的根拠）との一体化へと導いてゆく役割を与えられている。しかるに現実のわれわれは、すでに述べたように自らの自由の負の可能性として、「自然・本性への意志的背反」たる罪のうちに置かれている。それゆえ、右に提示されたような役割を、そのままの仕方で遂行してゆくことはできないのだ。実際、次のように言われている。

創造（生成）に際して、人間は本来、諸々の異なりにおいてあるものを結合・一性にもたらしうる自然・本性的力を与えられていた。……しかし、その力を自ら自然・本性に反して用いて、分離・分裂を招来させてしまった。そしてそのことによって憐れにも、再び「在らぬもの」（非存在）に陥る危険をあえて犯してしまったのである。（『難問集』PG九一、一三〇八D）

これは一見、過去のこととして語られている。だがそのことは、誰か個人の過去的な出来事だというよりは、すべての人の根底に自然・本性的に潜む頽落・罪の姿を示すものであろう。

改めて言えば、罪とは、人間的自然・本性そのものには属さず、その欠如であり欠落であった。つまり、人間は自らの自然・本性に背反して意志するとき、自ら自身に欠如的な姿を招来させてしまう。それはある意味で、「自由の逆説」ともいうべき事態である。そしてそこには、次のように次元を異にする二つの事柄が見て取られよう。それは、マクシモスの言う「実体・本質のロゴス（意味）」と「生成の方式」との区別を援用してのことである。

（i）罪とは、その「何なのか」という「本質としては」（無時間的な意味の次元では）、自然・本性の欠落であり、われわれにあっていわば可能的なものに留まる。人間は、自らの自然・本性の欠落たる罪を、自由というものの構造的な可能性としてつねに抱えている。

（ii）だが他方、現実の人間は、「生成の方式としては」その都度意志し行為している。人間の「在ること」のかたちは、自らの自由・意志に依存しているのだ。従って、人間が現に意志し行為する者たる限りでは、罪は単に可能性としてあるのではなくて、具体的な時と状況において現に生起してくるのである。

かくして、すべての人はそうした（二重の）罪のもとに置かれている（ローマ三・九）。それは、人間的自由・意志そのものが不可避的に孕むアポリア（難問）でもあった。してみれば人間は、自然・本性に固有の力のみによっては、自らの頽落・罪を無みして原型たる姿を回復させることができないであろう。

それゆえここに、まさにそのことが可能となる根拠として、ロゴス・キリストの受肉が語られることになる。この意味でそれは、いわば意志論の最前線に位置する問題であって、愛智の道行き（＝哲学）の中心的位相に関わってくるのである。が、その点は、最後に第七章で主題として吟味・探究してゆくこととし、次節では先の文脈に続いてマクシモスの指し示すところを跡づけておくことにしたい。

三　神の受肉による万物の再統合

先に挙げた「五つの異なり、分裂」は、いかにして克服され統合されうるのか。五つの異なりとは簡単に言えば、（ⅰ）、神と被造物、（ⅱ）、思惟物と感覚物、（ⅲ）、天と地、（ⅳ）、楽園と人の世、そして（ⅴ）、男性と女性であった。マクシモスはそれらが再統合されてゆく階梯を、聖書の表現に即して以下のように説き明かしている。（それは、最後のものから最初のものへと進んでゆくという。）

（ⅰ）受肉した神、ロゴス・キリストは、まず「人間本性における男性と女性という異なり・分離を取り去る」という。そのように超克されることを通して、より高い霊的交わりの境位が開かれよう。「キリストには男性も女性もない」（ガラテア三・二八）と言われるゆえんである。

（ⅱ）次にキリストは、「人間に適合した（受肉した）自らの生を通して人の住む世を聖化し、その死後、真に楽園（パラダイス）への道を開く。」つまり、キリストは十字架上で盗賊の一人に、「今日あなたはわたしとともに楽園にいるだろう」（ルカ二三・四三）と語った。「キリストにはもはや、楽園と人の世との異なりはない」のだ。そしてキリストは死者からの復活の後、弟子たちに対して、「この地は一つであって分割されておらず……あらゆる分離から解放されて安全に保たれる」と告げる。

（ⅲ）キリストはまた、「天に昇ることによって、天と地とを明らかに結合し一体化させた。」すなわちキリストは、われわれと同じ自然・本性の地上的身体をもって天に入り、「およそ感覚的な自然・本性が……最も普遍的なロゴス（根拠）と一つのものであることを示した。」

（ⅳ）キリストはさらに、「その魂と身体をもって……神的で思惟的なものすべてを透過することによって、感覚されるものと思惟されるものとを結合・一体化した。」そして、すべての被造物が一なるものへと収斂し、交流していることを示す。

（v）　最後にキリストは、「人間性を担って神自身のもとに行き、われわれのために神の顔の前に現われる」（ヘブライ九・二四）。すなわちキリストは、「ロゴスとして決して父から分離しえないが、人間としては神のあらかじめ定めたことを、揺ぎなき聴従にもとづくわざと真実によって成就するのである。」（以上の（i）から（v）は、『難問集』ＰＧ九一、一三〇九Ａ―一三〇九Ｄによる。）

右に概観したように、受肉した神としてのキリストは、「五つの異なり、分裂」をそれぞれの局面で新たに一体化させ、すべてのものを再統合してゆくという。だがそこにあって注意すべきは、次のことである。すなわち、そうした再統合の道は、神の一方的で無時間的なわざによるものではなくて、人間を通して、人間に即してはじめて、この世、この身に生起しうるであろう。そこでわれわれを主語として言うなら、人間がさまざまな自然・本性（存在物）をより善く統合してゆく役割を担うためには、いずれの局面においても神的ロゴスの働き（エネルゲイア）への関与が不可欠なのだ。そしてそこに、「神と人間との協働」が見出されるのであった。

われわれが受肉したキリストの姿を見つめ、神的ロゴスと霊（プネウマ）に聴従してゆくならば、恐らくわれわれ自身が神的エネルゲイアを宿す器とも道具ともなりえよう[3]。そのことなくしては、神はこの有限な世界に働きえない。そして、神的エネルゲイアを受容した限りでの「人間を通して」、また「人間のうちに」、さまざまな異なりや分裂が何らか超克されうるであろう。

ともあれ、そうした万物の再統合などということは、余りに大仰な事柄とも看做されよう。しかるにそれは、われわれのひそやかな祈りと悔改め、そして何であれ小さな謙遜のわざを通して、見えるかたち、見えざるかたちにおいて何ほどか実現さるべきものなのだ。そして恐らくは、今、ここなるわれわれの心の内奥に、すべての人、すべてのものとの全一的交わりの場と可能性が存するのである。

四　他者と絶対他者

右に述べた「万物の統合への道」にあって、そのすべての段階で陰に陽に他者との関わりが現実の場を形成している。そしてそのことには、他者と絶対他者（＝神）という二つの次元が重なっているのである。そこでこの観点から、これまでの論に実は浸透していた他者の問題を改めて取り出し、少しく考察を加えておきたい。

われわれの自由な意志的行為は、見える仕方、見えない仕方で、つねに他者との何らかの関わりの中で生じる。すなわち、先述の情念や罪、そしてその否定・浄化と変容ということにしても、われわれの内面の出来事であるとともに、具体的な他者との関わりという場と拡がりにおいてある。しかもまた、有限な他者とのさまざまな関わりは、超越的な善（神、神性）にどこまでも開かれた構造のうちで生起してくるであろう。

とすれば、そうした構造に根底において支えられている限りで、有限な他者との関わりは、無限な他者、つまり絶対他者たる神との関わりと微妙に重なっている。この点、一言で言うなら、神との関わりはつねに、他者（隣人）との関わりを広義の場とし、身体・質料として現に生起してくると考えられよう[4]。

ただ、他者との関わりという際、必ずしも眼に見える関わりだけが問題なのではない。たとえば卑近な例として、眼の前にいない人のことをひそやかに思うことも、ときに切実な実在的交わりとなりうる。そして往昔の修道者のように、人里離れた砂漠の地で祈りと修業のわざを為すことも、単に他者との交わりを欠いた生と看做されてはなるまい。彼らの生はいわば、自己と世界の成り立ちの根源に遡ることによって、神の眼差しのうちですべての人との見えざる交わりを生きることであったであろう[5]。あるいはまた、すでに亡き人を追憶して祈りを捧げることも、祭壇の前に額くことも、すべては他者との生きた実在的交わりとなりうるのである。

さて、有限な他者とのさまざまな関わりは、絶対他者（神）とのわれわれの関わりの姿をおのずとあらわに映し出してくる。とすれば、そこには次のような双方向の関係が認められよう。

（i）他者との関わりが自然・本性に適った「善きもの」であるときには、そのうちに自らの成立根拠として、「絶対他者（神、神性）との生きた関わり」が現前しているであろう。

（ii）と同時に、絶対他者との魂の内奥での関わりは、有限な他者との「善き関わりのうちに」、また「善き関わりとして」、すなわちそれをいわば身体・質料として生じてくるのである。

これは端的に言うなら、「神への愛」と「他者（隣人）への愛」との関わりでもある。神と隣人とは、むろん単に対立する二つの対象ではない。神は無限なるもの、知られざるものであって、直接の限定された対象とはなりえない。が、神を愛し、神に聴従するとき、いわば器となった魂に神的エネルゲイア・プネウマが改めて注ぎ込まれよう。そしてそのことが、「隣人への愛」としてゆたかに具現してくるのだ。

そうした関わりの姿は、この世の有限なもの、たとえば権力、財、快楽、名声等々へのいたずらな執着、そして結局、自己自身への執着、傲りという罪の姿とは、対極的な姿である。従って、他者に対して善き関わり・交流が成立するためには、己れ自身を無みし、いわば「少な少なと悪しき事の去る[6]」ような、不断の否定・浄化のわざが不可欠であろう。そしてそれゆえにこそ、われわれはこの生におけるそれぞれの境遇と分（運命）に応じて、それぞれの仕方で悲しみと苦しみをも担ってゆかざるをえないのである。

ところでこの点について、マクシモスはいみじくもこう言っている。

「この小さき者の一人に為したことは、わたし（キリスト）に為したことだ」（マタイ二五・四一）とあるが、善きわざを受けることを必要としている人（隣人）とは、神なのである。……そしてまた、善く為しうる人は、恵みと分有によって自らが神であることを証示している。なぜなら彼は、神の善きわざの働き（エネルゲイア）を受容しているからである。……もし憐れみを必要としている貧しい人が神であるのならば、それはわれわれのために貧しくなった神の降下（受肉）のゆえである。すなわち神は、それぞれの人の受苦（pathos）を自らのうちに同苦という仕方で（synpathōs）受容し、それぞれの人の受苦の類比に従って、つねに善性（神性）によって神秘的に受苦を蒙っているのである。[7]（『神秘への参入（奉神礼の奥義入門）』PG九一、七一三AB）

してみれば、絶対他者なる神（キリスト）との関わりは、無限性への開きであるとともに、有限な他者のために苦しむ同苦のわざのうちに、何らか宿り顕現してくる。そして、そうした同苦のわざを可能にするのは、神の受肉の働き（エネルゲイア）であり、それを受容してゆくことなのだ。ただその際、マクシモスは不思議な一文を付け加えている。「神は、それぞれの人の受苦を同苦という仕方で受容し、それぞれの人の受苦に従って、受苦を蒙っている」[8]と。

そこで、中心となることを今一度言えば、絶対の他者たる神（無限なる善）への心の披きと祈りあってこそ、およそ他者との真実の交わりも成り立ってくるであろう。そのようなとき、有限な他者は、いわば絶対他者を指し示す「しるし・象徴」として、また絶対他者からの「賜物」として現われてくるのだ。

そうした出会いに感謝し、それを言祝ぐことは、同時にまた、他者を在らしめ、その出会いをもたらせたすべてのことを、不思議な縁として、あるいは分（運命）として受容してゆくことでもある。そして、知友や師との出会いはもとより、先哲・師父たちとの出会いも、親子の間柄すらも、すべては根本において、一つの縁であり出会いであろう。

この意味で、およそ他者との出会い（カイロス）を虚心に受けとめてゆくことは、取りも直さず、神の現存の働き（エネルゲイア）に聴従し、それを言祝ぐことでもあろう。恐らくはすべての他者が、そうした存在となりうる。が、そのことは、その都度の「今、ここにおいて」、何であれ具体的な出会いと驚きのうちに、そして魂の記憶のうちに証しされてくるのである。

冥府に降るキリスト、イスタンブール（コンスタンティノポリス）、コーラ修道院、14 世紀

第七章　受肉と神化——うちなるキリストの発見——

「神化」（theōsis）とは、東方キリスト教・ビザンティンの伝統にあって、とりわけ大切にされてきた言葉である。そして証聖者マクシモスは、神化という中心的事態を観想し思索した伝統の一つの中心に位置する人であった。ここに神化とは、「端的に神と化し神になってしまう」などということではなくて、人間を紐帯として万物が「神的生命、神的存在に与ること」を意味する。

そこで、探究の基本線をあらかじめ示しておくとすれば、人間が心砕かれた謙遜のうちに神的な働き（エネルゲイア）を受容し、魂と身体との全体が無限なる神性の宿る器とも場ともなること、またそのことを介してすべてのものが全一的交わりとして神的生命を表現し輝かせるものとなること——、マクシモスの眼差しはつねに、万物のそうした宇宙的神化という事態に注がれていたのである。しかしそれは、必ずしも遙か将来の、また殊更に大仰な出来事ではない。むしろそれは、われわれがさまざまな情念と罪とを抱えた己れの姿を凝視し、神的な霊に聴従してゆくひそやかなわざを通してこそ、何らか生起してくることだと考えられよう。

ともあれ以下においては、こうした「神化」と、古くからその成立根拠として語られてきた「ロゴス・キリストの受肉」との根源的な関わりを、マクシモスの主要な文脈に即して問い披いてゆくことにしたい。

一　神化の意味と射程

神化とは何か

マクシモスは、われわれにとって神化（神的生命への与り）とは、「他の何ものにも増して愛し求められるべきものだ」とする。神化においてこそ「自然・本性（ピュシス）に即した働きの成就・完成」が見出されるのだ。そこでまず、神化の基本的意味合いを語るそうしたテキストを提示しておこう。

> 神は全体として全体において分有され、身体への魂の関わりによって魂に、また魂を媒介として身体に現成する。……それは、魂には不変性が受容され、身体には不死性が受容されて、全体として人間が「受肉した神」の恵みによって神化せしめられるためである。すなわち人間が、自然・本性によっては魂と身体との全体として人間に留まり、しかも恵みによってはそうした人間に神が現成するためである。……確かに、それにふさわしい人々にとって神化よりも愛すべきものがあろうか。神化にもとづいてこそ神は、神々となる人々と結合・一体化し、自らのすべてのことを善性によって為すのだ。それゆえわたしは、神的な知とそれに伴う喜びの享受とによって生じる状態を、快楽、聴従、そして喜びと呼んだのである。（『難問集』ＰＧ九一、一一〇八Ｃ）

この文章から読み取られるように、神化とは、人間的自然・本性が神の善性（神性）の働き（エネルゲイア）を受容し、神的生命に与った姿である。人間のそうした「善きかたち」（アレテー、徳）は、この有限な世界に神が勝義に顕現してきた姿でもあった。もとよりそれは、あるとき完成して停止してしまうような類のものではない。

が、すべて人間は、この意味での神化の可能性を有し、本来そこへと招かれているのである。ただしその際、身体は決して排除されず、魂と身体とがそれぞれに根本的変容を蒙りつつ、両者が相俟って神化へと与るという。それゆえ、いわば身体から分離した魂のみが一挙に神性の領域に達してしまうのではない。（この点、純粋な魂のみを「真我」だとするようなグノーシス主義に類する捉え方は、多分に虚偽に陥る。）かえって神化とは、人間が自然・本性として「魂と身体との結合」でありつつ、神性・善性の働き、恵みによっては「神の現成を担う者」へと変容してゆくことだとされている。

従って、たとえて言えば、大海に一滴のぶどう酒が注がれて融解し消失してしまうかのように、人間本性が無限なる神性のうちに没入して無くなってしまうことが、神化や救い、あるいは悟りだとは看做されていない。というのも、もしそのように人間本性の消失をもって救いないし悟りだとするならば、それは、われわれが否応なく抱えている身体性や時間性を無視する傲りとなり、ひいては現実の自己を欺くものとなるからである。

身体性と自己変容

身体性とは基本的には、魂・人間の変容可能性を担う何ものかであった。が、右の文脈からして、身体性の意味はさらに大きな射程を有するものとなる。すなわち、魂・人間のある種の結合体としての人間本性そのものが、神性の宿り・顕現を成り立たせるための場ないし質料となり、広義の身体性となるのである。

既述のごとく、われわれは一挙に神性と合一したり、神の直視（絶対知）に達したりすることはできない。それゆえ神化ということは、現実にはさまざまなものへの、そして自己自身への執着が徐々に無みされるような「絶えざる否定の道行き」として生起するほかはない。そのように、すべて人間が神化への変容可能性を有し、しかも最後までその道の途上にあること、そこにこそ身体性の勝義の意味が存しよう。

ところでその道は、「神的な喜びの享受」という快楽を伴うとされていた。そこでは快楽という言葉の意味合いが、極めて射程の大きなものとなっている。そうした神的快楽とは、身体的なものを単に排除したものではなくて、むしろ諸々の身体的快楽をも包摂しつつ、それらをより高い霊的次元へと昇華させたものであろう。

このことはマクシモスにあって、人間本性の全体としての神化（神的生命への与り）にとって重要な契機を為していた。すなわち、「魂における神化を類比的に分有することにより、身体も神化する」とされている（『神学と受肉の摂理とについて』II・八八）。こうした「身体の神化（聖化）」という事態は、諸々の情念（パトス）が「より善きかたち」に変容し、神的な生命に与るようになった姿であろう。

そこで、改めて次のことに注意しておこう。人間の諸々の身体的エネルギーと精神的エネルギーとは、単に一方的に制御されたり排除されたりするのではない。かえってそれらは、自己否定の調べによって浄められ、より高次のエネルギーに変容し、両者相俟って全体としての一性（存在性）へとより大に（＝より善く）与ってゆくと考えられる。しかし、われわれにあっては多くの場合、身体的エネルギーと精神的エネルギーが右のような高次の姿へと昇華することなく、それぞれが拮抗し、不完全に燃焼しているであろう。

それゆえ身体の神化（聖化）などということは、われわれの容易に届かない境地であるが、歴代の多くの修道者、聖人においては、それぞれの仕方で体現されていたと思われる。ただし、彼らの姿は必ずしも特殊な生であったのではなくて、むしろその内実としては、人間的自然・本性それ自身のより善き変容と成就の道を普遍的に指し示しているのである。

二　神化の道の階梯

「前進、上昇、そして摂取」という道

魂・人間の「神への道」は、すでに問題にしたように「絶えざる伸展・超出（エペクタシス）」、あるいは「不断の創造」という根本性格を有するものとして語られてきた。この点マクシモスは、とくにニュッサのグレゴリオスの洞察を継承しているが、さらには神化の階梯を次の三段階に分節化して説き明かしている。

第一に〔神化の〕「前進」とは……習性としてのアレテー（徳）の不受動な（つまり情念から解放された）姿である。そこにあって人は、感覚による自然・本性的働きの外にあるので……自然・本性に対する自由・意志の状態を霊的な習性へと変容させている。第二に「上昇」とは、あらゆる感覚的なものを後にして、もはや感覚に即して働くことも働きを蒙ることもなく……感覚物についての知的な観想が霊（プネウマ）のうちに超出した姿である。そして第三に、「摂取」とは、それら二つの段階の後、神のうちに生起する宿りであり形成である。（『難問集』ＰＧ九一、一二三七ＣＤ）

こうした三つの階梯には、次のような意味づけが与えられていた。

（i）まず神化の道の「前進」（発動）とは、「アレテー（魂の善きかたち、徳）に従って自然・本性〔の閉じられた様式〕を全く否定してゆくことだ」という。そこにあっては、正しい「信・信仰」（pistis）と「神への畏れ」とが正しいアレテー（徳）の実践を形成する。これは「実践的哲学」のわざ（実り）であって、情念に満ちた像と思考から知性・精神（ヌース）を浄めるのである。

（ii）第二に「上昇」とは、「自然・本性（存在物）の在る当の場所と時とを超えてゆくことだ」という。そこにあっては、確かな「希望」（elpis）と「汚れなき良心」とが、神化の上昇に即して朽ちることなき「自然・本性的観想」を形成する。それによって知性（ヌース）は、知の真の原因を学ぶという。が、それは、対象的限定としての知としてではなく、いわば無限なるもの（神）への志向的知として知られるであろう。

（iii）そして最後に、神的な「摂取」とは、万物が「それから、それを通して、それへと関わってゆく当のもの（つまり、原因、媒介、目的）へと、恵みによって再統合されてゆくことだ」という。そこにあっては、全き「愛」（agapē）と諸実体（存在物）から「離脱した知性」とが、神性の「摂取」による観想を形成する。これは「語りえざる神的な知恵（ソフィア）への参入」の、つまり「神学的神秘への参入」のわざ（実り）なのである。

これら三つの事柄について簡単に言うなら、神化の階梯としての「前進」、「上昇」そして「摂取」は、それぞれ「実践的哲学」、「自然・本性的観想」、そして「神学的神秘への参入」として意味づけられている。

新たな探究位相に向かって

右に概観したような「神化の階梯」とは、人間本性がその所与の可能性を十全に開花させ成就させてゆく道である。それは具体的には、さまざまなアレテー（善きかたち、徳）が形成され、さらにはそれらが「愛」（アガペー）へと統合されて、「より大なる結合・一性のかたち」が生起してくることであった。そうした「アレテーの統合と愛」については前章で多少とも見定めたところであるが、そこにはなおも問い抜くべき問題が残されていた。それは一言で言うなら、「神化の道の可能根拠」、つまり「受肉と神化との関わり」ということである。

すなわち、「受肉した神、ロゴス・キリスト」の働きがくだんの「五つの異なり、分裂」を統合させること、そしてそこに「愛によるアレテーの統合」が生起しうることなどがすでに述べられた。しかしそれにしても、「ロゴス・キリストの受肉」とはそもそも何なのか。そして、もしそれがわれわれの自然・本性の外側から一方的かつ必然的に働くに留まらず、自由・意志との何らかの協働として働くのであれば、それはわれわれの主体的経験の根底にいかに関わってくるのか。

このように問うとき、「神化への愛の発動の端緒」としての信、またとりわけ「ロゴス・キリストの受肉」への信が、改めて問題化してくることになろう。その際、「信・信仰」とは、主体・自己の「在ること」を安易に前提した上での特殊な宗教的信条に留まるものではなくて、勝義には「人間本性の真の開花・成就の道行き」に関わる何ものかなのだ。

とすれば、「キリストの受肉、受難、復活」といった事柄も、単に特殊な教理（ドグマ）としてではなくて、むしろより普遍的に「主体・自己の成立そのもの」に、そして「存在（＝神）への真の与り」に深く関わることとしてわれわれ自身の根底から問い披かれなければなるまい。言い換えれば教理（ドグマ）とは、その元来の誕生の場面、つまり「自らの存在基底を揺がすような出会いの経験」に遡れば遡るほど、まさに同根源的に、人間・自己の成立の謎・神秘に触れてくるものとなろう。従ってその問題は、普遍的な愛智（＝哲学）の中心的位相に関わるのであって、もはやそれをいたずらに回避することはできないのである。

三　受肉をめぐる論の歴史的概観

証聖者マクシモスのキリスト論が登場するに至った背景としては、むろん「ニカイア信条」（三二五年）以来の、「ロゴス・キリストの受肉」をめぐる多様な探究と逸脱との歴史が存した。そこで、本書での探究に必要な範囲で、マクシモスに至る歴史的背景とそこでの問題点について、中心と思われることのみ確認しておこう。

アタナシオスと「ニカイア信条」

周知のごとく「ニカイア信条」は、アレイオス派がキリストの人性（人間本性）のみを主張したのに対して、「キリストは神と同一実体（homoousios）であり、また真の神にして真の人間である」とした。[1] とくに注意すべきは、その言明が、単に客体としてのイエス・キリストについての把握である以上に、われわれ人間の救い（完成）や神化との連関の中で、それらの成立根拠として語られていたということである。実際、「ニカイア信条」成立の立役者アタナシオス（二九五頃―三七三）は直截にこう言っている。

神のロゴスが人間となった（人間のうちに宿った）のは、われわれが神になる（神に与らしめられる）ためである。（『ロゴス（言）の受肉』第五四章）

このように、受肉（enanthrōpēsis）と神化（theōsis）とは密接に連関することとして捉えられている。それは、人間が神的生命に与りゆくことが何らか成立したとき、そうした経験の根底に働いている神的働き（エネルゲイア）を凝視してのことであったであろう。

その一つの範型となるのは、むろん使徒たちにおける「イエス・キリストとの出会い（カイロス）」の姿である。つまり彼らは神的エネルゲイアないしプネウマ（霊）に貫かれることによって、キリストへの無限の愛に促され、新しい生へと引き出された。そうした無限なる愛の渇望は、人間本性（人性）が己れ自身を超え出て、キリストに結合・一体化することを愛し求めるのである。

これは、アレイオス派の主張が退けられることの理由ともなる。もしキリストが人性のみを有しているのならば、キリストとの出会いによって人が受容した力（働き）は、人性を神性へと結合させるものとはなりえず、いかに願望し努力しても、人は神性とは断絶した境位に取り残されるからである。

アタナシオスにあって今一つ注意しておくべきは、「人間は宇宙・世界（コスモス）という身体の部分だ」というコスモロジー的把握のもとに、「受肉」が捉えられていることである。すなわち、「神のロゴスが宇宙という身体のうちにあり、その全体と諸々の肢体とのすべてに浸透しているとすれば、ロゴスが〔時満ちて〕人間のうちに宿ったとしても、何か不条理なことがあろうか」と言われている（『ロゴスの受肉』第四一章）。

この意味で「ロゴスの受肉」は、何か不合理な逆説なのではなくて、むしろ創造のわざの貫徹ないし成就として捉えられているのだ。かくしてアタナシオスは、諸々の存在者の総体としての宇宙の成り立ちを注視しつつ、「神的ロゴスの全き顕現・受肉」という可能性に開かれた何ものかとして、人間の自然・本性を再発見したのである。(2)

「カルケドン信条」に至る探究と、その問題点

アタナシオスの後を承けて、「カッパドキアの三つの光」の一人、ナジアンゾスのグレゴリオスは、「受肉が神化の根拠であること」の理由として次のように喝破している。

> 人性は、それが神性によって摂取されなければ、救われることもない。（『書簡』一〇一、PG三七、一八一D―一八四A、『神学講話』III・一九、IV・二一）

余りに簡潔な表現であるが、まさに問題の本質を言い当てている。これによれば、人性（人間本性）は、自らが無みされ「神性に摂取される」ことによって、はじめて成就されよう。それははなはだ逆説的な事態であるが、そこには人間という存在者の（そして神性の顕現の）謎・神秘が潜んでいるのである。

そこで問題を問い進めるに際して、受肉なら受肉という教理の語り出された、いわば誕生の場そのものが見つめられなければなるまい。この点、ニュッサのグレゴリオスは万物に働く神的エネルゲイアに注目して、次のように語っている。

神が肉（＝人間）においてわれわれに顕現したことの証明を求めるのであれば、神の働き（エネルゲイア）を見つめるべきである。……われわれが全宇宙（＝世界）を鳥瞰し、この世界に働く摂理、およびわれわれの生に与えられる神の恩恵を吟味するならば、われわれは、生成してくるものを創り出し、存在するものを持続させる何らかの力が存在していることを把握できよう。それと同時に、肉を通してわれわれに自らを現わした神についても、神の働きを受けた驚くべき事柄（奇蹟）が、神性の現われの十分な証拠になると考えてきた。語り伝えられているわざのうちに、神性を性格づけるすべての特性を確認できるからである。（『大教理講話』第二五章）

ここに明らかなように、受肉（ロゴスの宿り）の真実を証しするのは、神的エネルゲイアの経験である。それゆえ、やや先取りして言うなら、受肉存在（ロゴス・キリスト）は通常の歴史的人物のように客体的事実として知られるというのではなくて、むしろ神的エネルゲイアの経験がそのエネルゲイアの主体（源泉）たる受肉存在を証し、かつ指し示していると考えられよう。

また「奇蹟」（原語では「驚くべきもの」の意）とは、ふつうは聖書にある「不治の病の癒し」、「悪霊の追放」、「死からの甦り、復活」などを指す。が、一般的には、いわば「神的エネルゲイアと人間的エネルゲイアとの交流」の経験がすべて、受肉存在（神人性）を指し示しているであろう。

さて、五世紀中葉の「カルケドン信条」（四五一年）は、「ニカイア信条」とそれに続く時代には未だ明確には表現されていなかった事柄を明るみにもたらすものであった。それは、多様な険しい探究と論争の末に「正しい教理」（ドグマ）として択び取られた表現であるが、その要点は次の通りである。

（i）イエス・キリストは真の神であり、かつ真の人間である。

（ii）神性と人性とは、ヒュポスタシス（位格、個的現実）に即して結合し、一なるヒュポスタシスとしてのキリストが存立している。

（iii）だがその際、神性と人性とは、それぞれが自らを十全に保持しつつ、「融合せず、変化せず、分割せず、分離せず」、一つのヒュポスタシス・キリストへと共合している。[3]

ここに注意すべきは、これらの事柄が全体として、「客体的な知の対象」ではなくて、「師父たちの伝承に従ってわれわれはそれを信じ告白する」といった「信の文脈」のうちにあるということである。そしてそのことの源をたずねてゆくと、いわば同時性として、イエス・キリストに出会った使徒たちの経験にまで遡ることになろう。聖書の多くの証言からして、キリストの言葉（ロゴス）とわざに出会ったとき、彼らは、神的な働き（エネルゲイア）と人間的な働きとがキリストにおいて現に共存し交流していることを如実に経験し、キリストへの限りなき愛に促されたのだ。

ただしかし、それが心貫かれるかのような確かな経験であるとしても、二つの働きの主体たる神性と人性とが「キリストにおいていかに結合しているか」は、端的には知られえない。先の四つの否定辞は、そうした徹底した不知の表明であろう。つまり、「融合せず、変化せず、分割せず、分離せず」ということによって、およそ二つのものの結合のあらゆる場合が尽くされているとしてよい。[4] ものともの、形相と形相、形相と質料など、ありとあらゆる結合の様式ないし型を当てはめても、「イエス・キリストにおける神性と人性との結合」はついに知られえず、また限定されえないのである。

従って、それら四つの否定は、「キリストの神人性（受肉）の姿」がいわば無限性に開かれ、神秘（mystērion）

（「耳目を閉じるほかないもの」の意）としてあることをしも、「閉じられた限定の否定」という仕方で間接的に浮彫にしているのだ。そしてそのことは、われわれの側から語り直すなら、人性が限りなく神性に結合してゆくことのできるその場と可能性を、否定表現を介して守っていると考えられよう。

このように見るとき、われわれは一見無味乾燥な教理表現の背後に、無限なる神への愛に促された人々の姿を感知することができよう。彼らは、人性（人間本性）が神性へと関与しうる道を生命をかけて守ろうとしたのだ。そしてそれは、後に改めて吟味するように、「神的エネルゲイアと人間的エネルゲイアとの実在的交流」についての確かな経験に支えられていたのである。

四　受肉と神化との関わり——キリストにおける二つのエネルゲイア——

証聖者マクシモスは、右に概観したような伝統的把握を継承し、いっそうゆたかに吟味・展開していった。その結果マクシモスにおいて、東方・ギリシア教父のロゴス・キリスト論が集大成され、キリスト教の歴史全体からしても一つの規範的表現に達している。カルケドン公会議以降の時代的要請でもあろうが、マクシモスにあっては、受肉と神化との連関についての論がエネルゲイア、意志、そしてヒュポスタシスという言葉を軸として展開され、問題場面がいっそうちなる位相に関わるものとなっているのである。

受肉と神化との基本的関わり

そこで、受肉（神の自己無化）と神化との関わりを問いたずねようとするとき、代表的表現としてまず注目さるべきは次の文章である。

ロゴスたる神はそれ自身としては変化することなく、われわれのような自然・本性的に受動的なものへと無化した（フィリピ二・五―七）。こうした受肉を通して、自然・本性的な感覚によって見える神、下位の神と真に呼ばれる。つまり神は、自然・本性的に受動的な肉体を通して無限なる力を顕現させたのだ。なぜならば、そのとき肉体は明らかに神と結合せしめられて一つのものとなり、より善きものが勝利したからである。

　かくしてロゴスは肉体を摂取し、ヒュポスタシス的な同一性が成立するような仕方で、肉体を神化させた。……それは、「神が人間となったほどに、人間が神となるためである。」……すなわち自然・本性的に神なる存在が、自らの受肉によってわれわれ人間の対立する弱さを担い取るのだ。そして神は、自らの無化（ケノーシス）を通して恵みによって救われる者たちの神化（テオーシス）を知っていた。そのとき、万物は神的なかたちとなり、全体として神を受容して神のみのうちに安らうことになる。これこそは、真に福音（契約）を信じる人々が、それに成らんとして目指しゆくべき当の完全性なのである。（『難問集』ＰＧ九一、一〇四〇Ｂ―Ｄ）

　この文中、「肉、肉体」とはヘブライ的語法を反映して、人間ないし人間本性の全体を指す。そして神が自らの無化を通して「肉体を摂取したこと」（受肉）が、人間（肉体）の神化を根拠づけているという。そこでわれわれの成りゆくべき完全性とは、「人性が神性とヒュポスタシス的に結合した姿」なのだ[5]。先に、「神性によって摂取されないものは救われない」（ナジアンゾスのグレゴリオス）とあったが、その意味で、神が受肉によって人性の弱さを担い取る限りで、人間の神化（神、神性への与り）の道が可能になるのである。

　ところで、ヒュポスタシス（hypostasis）とは一般に、「それ自体として区別された自存するもの」のことであった。つまり、ウーシア（実体）、ピュシス（自然・本性）が本質的意味次元に属するのに対して、ヒュポスタシスはこの有限な世界に現実化する生成の次元に属し、「個的な現実存在」を表わすのである。ただしかし、「神性と人性とのヒュポスタシス的結合」は、端的に対象としては知られえない。かえってそれは、人間自身（人性）が全体としてそこへと定位されている究極の姿であり、それゆえ「信の文脈」に置かれているのであった。

従って、発見の順序としては、使徒なら使徒がイエス・キリストと出会い、神的エネルギアと人間的エネルゲイアとの結合・交流を経験したことが、ピュシスの意味次元を超えて、二つのピュシス（神性と人性）を包摂するものとして「ヒュポスタシス」という言葉を必要としたのだ。それは、新たな概念の単なる要請ではなくて、新たな現実の経験にもとづくものであった(6)。

そこで、探究の基本方向を言うならば、二つのエネルゲイア（神的働きと人間的働き）の交流している現実（キリストの姿）に出会った経験からこそ、そうしたエネルゲイアの源泉として、「二つのピュシスがヒュポスタシス的に結合している神人的存在（受肉存在）」が証示され、語り出されると考えられよう。

受難と奇蹟――二つのエネルゲイア――

聖書の記述、つまり使徒たちの証言によれば、イエス・キリストは受難を蒙り、かつ多くの奇蹟を行った。マクシモスは、一見対立するそれらのことのうちにキリストの神人的な姿を洞察して、端的に次のように言う。

キリストは、受難を蒙りつつも真に神であったし、同じキリストが、奇蹟を行いつつも真に人間であった。すなわちキリストは、神性と人性という二つの自然・本性（ピュシス）の、語りえざる一性に即したヒュポスタシスであったのだ。キリストはそれら二つの自然・本性を適合した仕方で働かせ、それらを真に混合なきものとして保持しつつ自ら存続していることをあらわに示した。その際、同一のものが自然・本性的に不受動なものでありかつ受動的なものであり、不死なるものでありかつ死すべきものであり、見えるものでありかつ見えざるものであった。そのように同一のキリストが、自然・本性的に神であり、かつ自然・本性的に人間であったのである。(『難問集』PG九一、一〇四五A)

この文において、「受難を蒙ること」は人間的エネルゲイアを表わし、「奇蹟を行うこと」は神的エネルゲイアを表わす。使徒たちのまみえたキリストにあって、そうした二つのエネルゲイアは「融合することも分離することもなく」、一なる仕方で働いている。つまり、肉体(人間)に固有な働きが、「神性の力と切り離されずにあらわになっている」という(『難問集』PG九一、一〇四四D)。そこで、改めて次のことを押えておこう。

(i) キリストの受肉存在(神性と人性とのヒュポスタシス的結合)から、その神的かつ人間的エネルゲイアが生じてくるが、それはいわば「実在的関係の方向」である。

(ii) 他方、すでに言及したように、「二つのエネルゲイアの結合・交流」に具体的に出会った経験から、それらのエネルゲイアの主体たる「受肉存在(ロゴス・キリスト)」へ、という「発見の方向」が存しよう。

してみれば、われわれにおける「探究、発見の順序」としては、(ii)が先にくる。が、「本質の秩序」としては、あくまで(i)が先だと言わなければなるまい。そしてこの(i)と(ii)には、微妙な円環的構造が潜んでいるのである。

キリスト両意説

さて、「受肉と神化との関わり」は、われわれにとって必然的に固定されているものではなくて、それが「より善く実現してくるか否か」は、神的な働きと人間的自由・意志の働きとの双方に依存している。そこで、まず次の言葉に注目しておこう。

> われわれの救いの神秘の何と偉大なことか。イエス・キリストが自然・本性的にわれわれに即してある限りでわれわれは求め、またキリスト自身が、われわれに即したものをわれわれを超えて〔神性に〕結合させる限りで、われわれにとっての〔救いへの〕道が開かれる。もとよりそれは、罪を愛するような意志の習性が、自然・本性の弱さを悪の材料（質料）にしてしまわない限りにおいてであるが。（『難問集』ＰＧ九一、一〇四五Ｂ）

この一文は、われわれが「万物を超えた存在と実体的に交わり」、自らの本性の開花（つまり救い、神化）に与りゆく道を示している。その際キリストは、「われわれに即して」と「われわれを超えて」という二つの次元（人性と神性）の結合として語られている。そうした神人性の姿は、さまざまな迷いをも含んだ意志――マクシモスではとくにグノーメー（gnōmē）と呼ばれる――を持つわれわれにとって、それに成りゆくべき当の究極の目的であり、完全性のかたちであった。そして神化の道が生起するためには、ヒュポスタシス・キリストの「神的かつ人間的なエネルゲイア（働き）」にわれわれ自身が意志的に聴従し、それを受容してゆかなければならないのだ（同、一〇四五Ｄ）。

ところで、「キリストにはグノーメー（迷いある意志）がない」という。このことは、いわゆる「キリスト単意説」（キリストには神的意志のみあって人間的意志はないとするもの）に対して、マクシモスが決然と「キリスト両意説」を主張したことの中心に関わる。この両意説とは、一言で言うなら、「一なるヒュポスタシス・キリストのうちには神的意志と人間的意志とが、それぞれの固有性を保ちながら結合して働いている」とするものであった。

受難に向かう際、イエスはゲッセマネにおいて、「父よ、この杯を取り去りたまえ」(マルコ一四・三六)と祈った。しかし、一見「杯の拒否」と見えるこの言葉は、「わたしの願うことではなくて、あなた(父なる神)の御心に適うことが行われますように」(同、一四・三六)という「杯の受容」を示す祈りによって、完全に凌駕されている。マクシモスは、「キリストを分割してはならない」と言う。すなわち、右の一連のくだりにあって、はじめに人間的な恐れやひるみが表わされていても、それは決して二心のある分裂ではなかった。[7] かえってキリストにあって、人間的意志は神的意志に調和し、そこに神の摂理への全き聴従の姿が現出していると解されている(『神学と論争の小品集』PG九一、四八C)。そしてそれは、恐らく「受肉＝神化」なる姿でもあろう。

しかるに他方、われわれの意志(グノーメー)は、さまざまな迷いと異なりをも含み、神的意志に背反して働く可能性を抱え込んでいる。そのことの根本的意味は、次のように簡明に語られている。

グノーメー的な諸々の意志の異なりこそ——それはわれわれの通常の姿であろうが——、罪のもとであり、しかもまた、神との隔たり、他者との分裂、そしてさらには自己自身との分裂を引き起こすもととなる。(『難問集』PG九一、一一五六BC)

してみれば、迷いある意志たるグノーメーを抱えたわれわれにとって、神化(神的生命への与り)の道が可能になるのは、グノーメーを完全に超えた神人性の働きを真に受容してゆくことによるであろう。この意味で、両意説というかたちで「キリストを語ること」は、実は「われわれ自身の道行きを語ること」でもあるのだ。すなわち、キリスト論とは本来、ふつうの人間とは掛け離れた特殊な対象についての論に留まるものではなくて、われわれ自身が真に「存在」(神性ないし善性)に関与し、ひいては人間として開花・成就してゆくための可能根拠に関わるものなのである。

グノーメー的聴従

右の文脈においては、「神的意志への聴従」ということが重要な契機を為している。これについてマクシモスは、次のように透徹した言葉で問題の真相を明らかにしている。

空気が全体として光に照らされたり、鉄が全体として火に燃やされたりするように……われわれは善性の単に過ぎ去りゆく分有を捉えるのではなくて、善性のまさに来たるべき分有を影像として捉える。なぜなら、希望されているもの（善性、神性など）はすべて、視覚や聴覚の、また思惟の彼方にあるからである。そうした善の分有は、神的使徒（パウロ）の言うごとく、御子が御父に従うような聴従によるのだ。……すなわち救い主自身、自ら御父への聴従（従順）をわれわれの範型として示している。「もはやわたしの意志するようにではなくて、あなたの意志するように為したまえ」（マタイ二六・三九）と。

神的なパウロはまた、イエスに倣って己れ自身を否定し、もはや固有の生命を持っているとは思わないかのように、「もはやわたしが生きているのではなくて、わたしのうちでキリストが生きている」（ガラテア二・二〇）と言っている。しかし、こう言われたからとて、心騒がせてはならない。なぜなら、パウロはその際、自由の廃棄が起こると言っているのではなくて、自然・本性に従った確かで揺ぎない姿、あるいはグノーメー的聴従を語っているからである。それは、われわれの「在ること」が実現し、〔神の〕似像が原型へと回復する動きを実現するためであった。（『難問集』PG九一、一〇七六A―C）

これによれば、「父なる神へのキリストの聴従」が、われわれの聴従の範型となるという。そこには、次のような意味連関が存しよう。まず、全き聴従によって神的エネルゲイアが十全に受容され、そこで神化が生起するとすれば、キリストにあっては、「受肉」（人性における神性の宿り）と「神化」（神性との人性の結合）とが、恐らくは一つのこととして生起している。次にわれわれにあって、そうした「受肉＝神化」なる存在のエネルゲイア（働き）に聴従しつつ、それに与ってゆくことによって、神化への道が現実のものとなりえよう。

もとより、受肉存在（ロゴス・キリスト）の実体・本質を端的に知る力がわれわれにあるわけではない。われわれはただ、神的エネルゲイアないし神的プネウマ（霊）の現存に開かれゆくばかりなのだ。マクシモスによれば、神化へと向かう力は、「霊の卓越した恵み、つまり働く神を証示する恵みを通してはじめて生起する。」言い換えれば、「万物に浸透する神的エネルゲイアのみが端的に在る」のだが（他の有限なものは「在り、かつ在らぬ」という性格を有する）、神は、「それにふさわしいすべての人々に対して自らのエネルゲイアを善き仕方で浸透させ、交流させているのである」（同、一〇七六Ｃ）。

そこでさらに、存在論的にも重要な論点に言及しておこう。それは、己れを無みするかのようなグノーメー的聴従によって、われわれの「在ること」が勝義に実現してくるとされていることである。

〔神性に〕摂取された自然・本性は、自ら動くものではなく、それ自身にヒュポスタシス的に結合された神性によって、真に動かされる。それゆえ、人間的自然・本性（人性）は自存する働きを有してはおらず、また実体（ウーシア）そのものとも言えない。かえって人性は、それに結合して真に実体化された（受肉した）「神なるロゴス」によってこそ、「在ること」を得るのである。（『難問集』ＰＧ九一、一〇五二ＡＢ）

明らかにこれは、「在る、存在する」ということについての通常の了解を突き抜けた把握である。つまり人間本性（人性）は、決してそれ自身に完結して自存するものではなくて、神性に摂取されてはじめて、真に「在ること」を得るのだ(8)。それは既述のごとく、「在ることの度合」が高まった姿であり、内実としては「善く在ること」

（アレテー）の発現である。「新しい人間」の誕生がそこに見られよう。そこで改めて言えば、人間本性は本来、神的エネルゲイアに聴従して己れを超え出てゆくという否定性と動性（ダイナミズム）をしも、自らの本質としている。そしてそこに、「在る」と「善い」（存在と善）との根源的な意味連関を認めることができよう。

魂・人間のそうしたダイナミズムに漲っているのは、超越的な神性の働き（エネルゲイア）であるとともに、心披いてそれを受容する人間的自由・意志の働きである。次元を異にするそれら二つの働きが相俟ってこそ、魂・人間を場とし器として神性が何らか宿り来たるであろう。すなわち、「善く在ること」、「善く生きること」は、神的エネルゲイアへの意志的聴従によって生起してくるのであって、神的エネルゲイアとのそうした関与から切り離されるならば、われわれは自ら非存在の淵に（つまり罪なる死性に）晒されることになるのである（ヨハネ一五・一―一六参照）。

かくして、簡明に言えば、心砕かれた祈りと観想のわざこそ、まずは人の為しうる最上のものであり、今、ここにあって存在（＝神の名）に真に与りゆくほとんど唯一の道であろう。実際それなくしては、この世での諸々の営みは、たといそれが人の眼にいかに価値あるものと見えようとも、神の眼差しの前では真の生命から切り離されたものとなり、また空しい執着の対象ともなりかねないのである。

五　神人的エネルゲイアの現存――根源的経験から、その根拠へ――

ロゴス・キリストと神人的エネルゲイア

神的エネルゲイアは、それが人性（人間本性）に適合して働く限りでは、むしろ神人的エネルゲイアという言葉で表わされる。マクシモスはその現存する働きについて、次のように語っている。

ロゴス・キリストは超実体的であるからといって、肉体（人間）から切り離されて単に神的に働いたのではなく、また人間であるからといって、神性から切り離された人間的なものを単に肉的に働かせたのでもなくて、人間となった神の何らか新たな神人的エネルゲイア（theandrikē energeia）をわれわれのために働かせた。というのも、人間愛を担う方（神）は、思惟的に魂を吹き込まれた肉体を摂取することによって人間となり、また語りえざる結合・一性に即して、神的エネルゲイアを肉的なものと適合させて人間化させたからである。かくしてロゴス・キリストは、神的なものと人間的なものとを神的かつ人間的に捉え、あるいは同一のもののうちで神的エネルゲイアと人間的エネルゲイアとを働かせることによって、われわれに対する摂理（オイコノミア）を神人的に成就させたのである。（『難問集』PG九一、一〇五六BC）

ここに見える「神人的エネルゲイア」という言葉は元来、六世紀はじめ頃の擬ディオニュシオス・アレオパギテースに由来するが、マクシモスは（用例は多くないのだが）、それを彫琢して論を展開している。

右の引用文は、「カルケドン信条」以来、「神性と人性とのヒュポスタシス的結合」として語られるロゴス・キリストの姿を、その働き（エネルゲイア）という観点から捉え直し、いっそう浮彫にしている。しかし、われわれにとってロゴス・キリストそのものは、それに与りゆくべき究極の姿であって、すべての人はどこまでもその道行きの途上にある。それゆえにこそわれわれにとって、「ロゴス・キリストの働き、つまり神人的エネルゲイア」に聴従してゆくことが、神化への道（人間本性の開花・成就への道）にとって不可欠なものとなるのである。

では神人的エネルゲイアは、いかなるかたちで顕現してくるのか。このことについて注目さるべきは、先の引用に続く次の表現である。

主は、神人的エネルゲイアを自らのためにではなくわれわれのために働かせ、人間的自然・本性を自然・本性を超えて新たにした。……つまり主は、自然・本性において二様であり、相互に交流する生を適切に顕現させた。その生は神的な法と人間的な法とによって、同一のものとして混合なき仕方で結合している。すなわちその生は、単に地上のものと無縁で逆説的なものではなく、また諸々の存在物の自然・本性とは異なるものでもなくて、新しい生きる人間の新たな〔神的かつ人間的な〕エネルゲイアをしるしづけているのである。（『難問集』PG九一、一〇五七CD）

これは、イエス・キリストの生の姿を語る言葉である。そのように、受肉の神秘たるキリストにあっては、「燃える剣において火が剣と一体化しているごとく、神性と人性とはヒュポスタシス的に結合している」（同、一〇六〇A）。ただしかし、そうしたキリストの神人性（受肉）を語りうるのは、その原初的場面に即して言えば、使徒なら使徒がイエス・キリストと出会い、神人的エネルゲイアを受容したことにもとづく。そして、人性による「神人的エネルゲイアの受容」とは、「信という魂・人間のかたち」であるが、そこにおいて神性と人性とが勝義に触れ合い交流するのである。

神人的エネルゲイアの経験から、その根拠へ

ここにとりわけ注意すべきは、神人的エネルゲイアを受容した経験から、当の神人的エネルゲイアの「主体（源泉）たる神人的存在」（ロゴス・キリストの受肉存在）が証示され、志向的な仕方で語り出されるということである。もとより、人間の「信のかたち」（受肉についての志向的知）と「キリストの受肉そのもの」との間には、越えがたい落差が存する。それゆえにこそ、ロゴス・キリストの受肉は、われわれにとって端的な知の対象ではなくて、無限性に開かれた「信の文脈」のうちで語られるのだ。

従って、ロゴス・キリストの探究は勝義には、主体・自己の現実の姿とは掛け離れた客体的領域においてではなく、まさに神人的エネルゲイアを受容し宿した経験に根差している。より正確に言うならば、神人的エネルゲイアとの根源的出会い（カイロス）の経験として現出した「信という魂のかたち」は、それ自身が神人的エネルゲイアの具体的発現たる限りで、神人的エネルゲイアの発出する主体たる「ロゴス・キリストの神人性存在」の探究が、そこにおいて為さるべき当の第一の場であり対象なのだ。「根源的経験から、その根拠へ」という探究方向が、ここに主導的なものとなるのである。

ちなみに、パウロは簡明にこう言っている。「何人も聖霊によらなければ、イエスを主であると言うことはできない」（一コリント一二・三）と。そしてとくに、イエス自身の次の言葉が想起されよう。

> もしわたしがわたしの父のわざを為すならば、たといわたしを信じなくとも、そのわざを信じよ。そうすればあなたたちは、父がわたしのうちにおり、わたしが父のうちにおることを知りまた悟るであろう。（ヨハネ一〇・三八）

これらの言葉からすれば、神の霊（プネウマ）を、そしてイエスのわざに漲る神人的エネルゲイアを受容してはじめて、われわれはキリストの受肉・神人性の姿を見出し、発語しうるであろう。(9) 従って、「ロゴス・キリストの受肉を真に語り、告白すること」と「神の霊、神的ないし神人的エネルゲイアを受容すること」とは、密接に重なっている。この意味では、「霊の受容」といった主体的経験を離れて受肉の客観性を主張すること（客体的事実と看做すこと）は、ややもすれば、問題の中心的位相を覆ってしまうことになろう。

さて、使徒たちを典型として多くの人々は、キリストとの出会いにあっていわば「愛の傷手」を受け、己れの生の全体を差し出してゆくような愛（アガペー）に促された。そして、己れの身に生起した「無限なる愛の渇望」を凝視したとき、その根底に神的な霊、神的な愛の現存していることが見出されたのだ。言い換えれば、くだんの神人的エネルゲイアは、人が己れを無みし超えゆく愛のうちに、それを成り立たせかつ導く根拠として、絶えず新たに発見されよう。そして、そうした「根源的な出会いの経験」が、その「経験の成立根拠」を指し示しているのである。

しかし、そこに証示される「神人的エネルゲイアの主体（源泉）」、つまり「神性と人性とのヒュポスタシス的結合、ロゴス・キリストの受肉」は、その実体・本質（ウーシア）としては最後まで知られざるもの（超越の闇）と言うほかはない。が、それは、人間の脱自的愛のうちに働く「神人的エネルゲイアの経験」を通して、「それ在り」と遥かに証示されるのだ。

ところでマクシモスによれば、アレテー（「善く在ること」ないし徳）は、ある意味で「受肉した（身体化した）神」であり、「神の顕現のかたち」であった。それは一見単純な表現であるが、これまで探究してきた事柄の中心に関わっている。この点、要となることのみ、今一度確認しておこう。

（i）諸々の要素の結合・一体化の過程を通して、ついにはロゴス的知性的存在者（人間）が現出したのは、ある意味で奇蹟的なことであり、そこには超越的力（神的エネルゲイア）が働いていると言わねばなるまい。（諸々の要素の連続だけでは、一性の成立の謎・神秘は放置されたままなのだ。）

（ii）しかしさらに、「善く在ること」（アレテー）というかたちでの「善（善性ないし神性）の現出」は、有限な自然・本性（ピュシス）に固有な力と次元を超えた驚くべき奇蹟的なことであろう。なぜならば、「善く在ること」、「善く生きること」のまことの誕生・現出は、たといそれがほんの小さな、また人目につかぬものであるときにも、神的なプネウマ（霊）、神人的エネルゲイアへの聴従と関与なくしては、恐らくついぞありえぬことだからである。

六　受肉の現在――結語に代えて――

以上、「ロゴス・キリストの受肉」と「人間の神化（神、神性への与り）」との関わりについて、その中心的位相を多少とも明らかにしてきた。そこで最後に、「受肉の現在」とも呼ぶべき事態について少しく思いを潜め、結語に代えたいと思う。

ロゴス・キリストの問題は、その内実に近づけば近づくほど、時と処とを超えて、今、ここにわれわれにとって普遍的なものとして立ち現われてくる。実際、時間というものの通俗的了解を後にして、「魂・精神の根底における出会い（カイロス）と驚き」、そして「脱自的な愛の発動」を注視するならば、そこには「神人的エネルゲイア（ないし神的なプネウマ）の現存」が何ほどか見出されよう。そうした神人的エネルゲイアの経験が、「神人性の存在（ロゴス・キリストの受肉）」を証しし、志向的な仕方で（対象知としてではなく）指し示しているのであった。

ここにとりわけ注目されるのは、証聖者マクシモスにあって「ロゴスの受肉」は勝義には「かつて」ではなく、「今」われわれのために生起したとされていることである。すなわち、『難問集』を著わすよう要請してきた人に対して、次のように語られている。

今あなたによって蔑されている方は、かつてはあなたの上にあり、明らかにすべての時間（世代）とすべての自然・本性との彼方に、それ自体として在った。しかし今は、あなたのために〔時間と自然・本性との〕両方に服した者になろうとしている。……かつてはただ神にして、身体から離れた者であったが、今は思惟的魂

を有した肉を摂ったのである。（『難問集』ＰＧ九一、一〇四〇ＡＢ）

そしてこれに続いて、「ロゴスが自己無化によって受肉したこと」、さらに「そうした受肉が傲りと罪のうちにあるわれわれの神化のためであること」が、諄々と語られてゆくのである（同、一〇四〇ＣＤ）。

右の引用文にあって、永遠性における「かつて」とすべての時間における「今」とが、鮮やかに対比されている。（それはとくに『ヨハネによる福音書』第一四章から第一八章において、イエス（「わたしは在る」〈ego eimi〉たる存在）の言葉が現在形で語られていることを想起させる。）その際、受肉および神化は、単に過去的なこととしてではなくて、同時性として、「今」、すべての人に生起しうることとして捉え直されているのだ。受肉の現在、と呼ぶゆえんである。それゆえにまた、マクシモスはこう述べている。

> 神のロゴスが、われわれのために人間本性の弱さによって十字架につけられ、さらには神の力によって復活せしめられたのならば、ロゴスは明らかに同じことを、すなわち受肉と復活とのわざを、われわれのために今も霊的に為している。それはわれわれすべてを救うためである。（『神学と受肉の摂理とについて』Ⅱ・二七）

こうして神のロゴスは「今も」つねに働き、聴従と信というかたちでそれを受容する人のうちに、その都度現前してくるであろう。実際、イエスの言葉に、「わたしの父は今に至るまで働いており、わたしもまた働く」（ヨハネ五・一七）とある。

従って、ロゴスの受肉の信・信仰とは、その真の成立場面としては、「かつて」ではなく、その都度の「今」のことである。そしてそのことは、使徒たちのイエス・キリストとの出会い・瞬間（カイロス）にまで遡行してゆく。[10] しかし、そのように使徒たちの経験（つまり、信というかたち）を捉えるとき、それは同時に、「イエス・

キリスト自身の信」と分かちがたく結びついているであろう。つまり、イエスにあっては父なる神への全き聴従と信が存し、それゆえ「受肉と神化とが同時に現成している」と信じられたのだ。

すなわち、イエス自身の聴従と信によって、神の霊（プネウマ）による「人性の神化」が生起しよう。が、そのことは、神のロゴスを主語として語り直すならば、「本性的に神なるロゴス・キリスト（ヨハネ一・一）が、自ら無化して（フィリピ二・一三）人間本性（肉）を摂し、受肉した」ということにほかなるまい。

ただし、今一度言えば、われわれはかかる「ロゴスの受肉」を人間的知の限界内に引きずりおろしてはならず、かえって、「経験からその根拠へ」と遡行するかのように、「神人的エネルゲイアの経験から、神人性存在（ウーシア）へ」と、己れ自身を超え出てゆかなければならない。

とすれば、そこには「信の信」とも言うべき再帰性が認められよう。つまり、「イエス自身の信」という「信の範型」は、「イエスと出会って神的霊に貫かれ、イエスを主キリストと告白する人々の信」として現出する（ローマ一〇・九—一三参照）。彼らの信は、その志向的かたちのうちに「イエス・キリスト自身の信」を何らか宿し、かつそれへと開かれているのである。[11]

さて、ロゴス・キリストの現存、あるいはむしろ神人的エネルゲイアの現存は、かつての「今」、根源的な出会い（カイロス）において経験された。それは同時にまた、われわれがそれへと結合してゆくべき「完全性のかたち」（神性と人性とのヒュポスタシス的結合）として、今も現存し働いているであろう。とすれば、このことは次の三つの構造的な契機を含んでいる。すなわち、

（i）、かつての「今」、真に現存し働いているものは、

（ii）、創造のはじめ（根拠）の「今」において現存し、

（iii）、それゆえにこそ、歴史上のいかなる「今」においても、信という「魂の志向的かたち」のうちに、またそ

うした信として、その都度生起しうると言えよう。

すなわち、使徒たちの「今」、その出会いと愛との根底に働く神人的エネルゲイアは、いわば同時的にすべての人の「今」において働くものとして見出されよう。そしてこのことは、恐らくは人間の創造そのものの「今」に、また真の自己成立の「今」に重なってくるのである。[12]

そこで、当初からの文脈として言えば、人間本性が「善く在ること」（アレテー）へと変容・開花し、他者との真の交わりと愛が実現するための根拠は、最も素朴で根源的な経験のうちに現前しているであろう。それは、改めてわれわれを謎・神秘の前に立たせ、われわれが己れを無みしつつ、自らの分（運命）に応じてかの受肉存在の現成に与りゆくべく、今もいつもわれわれに呼びかけている。

この移りゆく世にあってわれわれは最後まで途上にあり、いわば「ロゴス・キリストの現存と不在」の緊張を自らの身に抱えてゆくほかはない。それはパウロの周知の言葉によれば、「ともに嘆き、ともに苦しみつつ、神の子たちの栄光の自由に入る希望を持って」（ローマ八・二一）歩んでゆく道である。

かく被造的存在はすべて、人間を紐帯として神性により善く結合してゆくべく定位されている。そして、自他相俟って「神性の全体として一なる交わり」（エクレシア）を形成し、神の顕現をそれぞれの姿・形相を通して担いゆくよう招かれているという。かくして証聖者マクシモスは、旧・新約聖書および先行の教父的伝統をゆたかに継承しつつ、人間と人間を紐帯とする万物の「宇宙的神化」という事態をひたすら見つめていたのである。

しかるに、そうした全体としての「神化（神的生命への与り）の道行き」は、根本においてはただ、われわれの内奥における心砕かれた祈り・観想によって、また神的な霊（プネウマ）に聴従する謙遜のわざによって、はじめてこの地に何ほどか実現してくると考えられよう。

もとより、神的な霊への聴従とその受容とは、われわれにとってむろん必然的なことではありえず、自由な意志と択びを介してこそ現に生起しうることであった。だが、そこにあってわれわれは、自らの「自然・本性への背反」、「神への背反」としての罪の可能性にもつねに晒されている。であればこそわれわれは、いわばその都度、自由の謎と神秘の前に、そして神の憐れみの前に立つことへと促されるのである。[13]

ウラジミールの聖母、モスクワ、
トレチャコフ美術館、12 世紀

註

序章　教父の伝統の指し示すところ――無限なるものへの眼差し――

（1）神（theos, Deus）という名すら、「実体・本質（ウーシア）の名」ではなくて、この世界、この身における神の働き（エネルゲイア）の経験による「働き（エネルゲイア）の名」である。このことは、キリスト教と仏教などの通俗的異なりを超えて、知られざる根拠の働きとの出会いという点では、それらに何らか共通する根源的経験を指し示すものとなろう。

（2）教父たちにあって「学（学問）」と「修道」とが渾然と一体化しているという際、「超越的なもの、無限なるもの（神）の探究（愛智）と知」は、「魂・精神の浄め」と内的に密接に結びついているのである。

第一部　アウグスティヌス

第一章　出会いと驚き――探究の基本のかたち――

（1）アウグスティヌス前半生の探究と格闘の歩みは『告白』に如実に語られているが、生涯全体の詳細な跡づけと吟味として、P・ブラウン『アウグスティヌス伝』上、下（出村和彦訳、教文館、二〇〇四年）を参照。

（2）キルケゴール『不安の概念』中の言葉。キルケゴールは、「正しく不安になること」から信仰への飛躍を説く。それは、人間が無限なるものの前に立ち、本来的な存在様式（実存）を獲得してゆくための不可欠の契機であった。

（3）『告白』一三巻九章一〇節に、このことについての洞察が示されている。

（4）ちなみに、教父の伝統にあって「神学」（theologia）とは、「無限なる神をふさわしく語り出し称えること」であり、愛智の道行きとしての「哲学」（philosophia）と軌を一にしている。「神学と哲学」、「信と知」などの分離と対立は、オッカムなど後期スコラ（一四世紀）以降のものである。

（5）このことについての緻密な考察として、加藤信朗「cor, praecordia, viscera――聖アウグスティヌス『告白録』における psychologia 又は anthlopologia に関する若干の考察――」（『中世思想研究』IX、一九六七年）がある。

第二章　確実性の問題——うちなる超越——

（1）東方、西方の修道院の歴史と霊性、およびアウグスティヌスとペラギウスとの論争の解明として、桑原直己『東西修道霊性の歴史——愛に捉えられた人々——』（知泉書館、二〇〇八年）参照。

（2）こうした思想態度は、古代ギリシアのソフィストたちの思想に近い。プラトンは「愛智の道行き」（真理探究）の可能性を守るべく、ソフィストたちの「思われ（臆見）に閉じた姿」の虚偽を暴いていった。

（3）この点、たとえばウィトゲンシュタイン『確実性の問題』（一一四—一一五節、一四一節など）にも呼応するところがある。

（4）この定義は、後世アンセルムス『プロスロギオン』の、「それよりもより大なるものが思惟されえないような何か」という神の定義に近い。それについての解明として、K・リーゼンフーバー「存在への精神の自己超越——カンタベリのアンセルムスの『プロスロギオン』第二章にそくして——」（『中世における自由と超越』、創文社、一九八八年）参照。

（5）デカルト（近代哲学の祖）『方法序説』での確実性の把握（「われ思う、ゆえにわれ在り」とするもの）との違いは、このことに存する。アウグスティヌスにあっては、「真理への精神の遡行ないし超越」と「自己存在の変容」ということが主題として探究されてゆく。

第三章　記憶と自己

（1）それはまた、「知を求める信」（fides quaerens intellectum）という基本的探究を促すものとなる。神の言葉（ロゴス）によって貫かれた「心ないし魂のかたち」（信）は、神とのより大なる結合（知）を己れを超えて愛し求めるからである。

（2）この点、「何人も、全く知らないものを愛することはできない」とは、『三位一体論』後半（第八巻以降）の「神の似像」たるべき精神の「自己探究＝神探究」を導く指標でもあった。『告白』第一〇巻では、記憶の諸相が吟味され、ついには「幸福の記憶」、「神の記憶」にまで問題が展開してゆくが、そこにおいて、「信」（神的働きを受容した姿）の内実に触れるのである。

（3）ちなみに聖書的思想伝統は、超越神や創造主を語らぬ東洋・日本のそれとは大きく異なると、ふつうには看做されよう。しかし、「働き（エネルゲイア）の経験」が「その働きの源泉（根拠）」を指し示すという観点からすれば、東西の思想は、語り口や用語の違いを超えて、根本ではやや接近してくるであろう。つまり「神」、「阿弥陀仏」、「大日如来」、「太極」、そして「自然」といった言葉は、いわば人知を超えた「根源的な働き」、「造化の妙」をそれぞれの文脈において指し示していると思われる。ともあれ、通俗的かつ学的な比較や対象化を超えて、自らの存在が揺がされて愛に促されるような「出会い（カイロス）

の経験」に、まずは虚心に立ち帰らなければなるまい。

(4) 次章に見るように、「時間」の意味論的探究は、「精神という志向的働きの発見」を導くものとなる。

(5) このことは『三位一体論』(一二巻一五章二四—二五節)において、プラトンのいわゆる想起説に対する批判的吟味を通して探り当てられている。

(6) この文章は、『告白』第一一巻における「時間論」の締めくくりの言葉と深く呼応し、また「悪と罪」、「神の似像の再形成」といった主題に連関している。(これらについては、次章以下で吟味・探究してゆく。)

第四章　時間と志向——精神の発見——

(1) ただし量子力学や天文学、あるいは熱力学の最先端は、古典物理学的な時間・空間把握を突破し、時間そのものも存在の何らか高次の全体性からの二次的派生物であるとの洞察を提示している。たとえばD・ボーム『全体性と内蔵秩序』(井上忠、伊藤笏康、佐野正博訳、青土社、一九八六年)、I・プリゴジン/I・スタンジェール『混沌からの秩序』(伏見康治、伏見譲、松枝秀明訳、みすず書房、一九八七年)などは、アウグスティヌスの創造論、時間論に通じるものがある。

(2) G. Marcel, *L'Être et Avoir*, Fernand Aubier, 1915, pp. 22–24.(G・マルセル『存在と所有』、渡辺秀、広瀬京一郎訳、春秋社、一九七一年、一七—一八頁)

(3) G・マルセル前掲書、一九頁。

(4) アリストテレスも『自然学』第四巻で(二一七b二九—二一八a三〇)、同様のアポリアを導出している。

(5) M. Merleau-Ponty, *Phénoménologie de la perception*, Gallimard, 1945, pp. 471–474.(M・メルロ・ポンティ『知覚の現象学』2、竹内芳郎、木田元、宮本忠雄訳、みすず書房、一九七四年、三〇八—三一三頁)

(6) 創造のわざは、「根拠への還帰」という人間の自由な意志的働きを通して、いわば不断に生起してくる。これについては、『創世記逐語註解』四巻八章一六節、四巻一二章二三節、『三位一体論』一四巻一七章二三節—一九章二五節など参照。(なお、その問題は、後に第一部第七章、第二部第三章などにて主題として取り上げる。)

第五章　悪の問題——自由とその根底——

(1) アウグスティヌスのマニ教批判の眼目を見定めたものとして、片柳栄一『初期アウグスティヌス哲学の形成——第一の探求する自由——』(創文社、一九九五年)の第一編第二章参照。

（2）このことについて（またグノーシス主義とマニ教全般について）、H・ヨナス『グノーシスの宗教――異邦の神の福音とキリスト教の端緒――』（秋山さと子、入江良平訳、人文書院、一九八六年）に歴史的かつ本質的なうがった考察が見られる。

（3）アウグスティヌスはアタナシオスの『アントニオス伝』（小高毅訳、『中世思想原典集成』1、初期ギリシア教父所収、平凡社、一九九五年）を、ラテン語訳（アンティオキアのエウアグリオス訳）を通して知り、透徹した修道の生に深く心動かされた。なお、修道制の父、エジプトのアントニオス（二五一頃―三五六）をはじめとして、三世紀から五世紀にかけての修道者たちの珠玉の言行録として、『砂漠の師父の言葉――ミーニュ・ギリシア教父全集より――』（谷隆一郎、岩倉さやか訳、知泉書館、二〇〇四年）がある。

（4）後に言及するように、悪の原因は、論理的に問いたずねてゆくと、何であれ「悪しきもの（実体）」にではなく、最後は「悪しき意志」に（あるいはむしろ「悪しく意志する」ことに）帰着する（『神の国』一二巻一章―九章）。人間的自由は、いわば無底の深淵なのである。

第六章　創造と罪

（1）ここに悪魔なり悪霊なりは、ある種の客体的存在者として闇のうちに潜んでいるというよりは、むしろわれわれの意志が悪霊にもなってしまうのだ。この点、古の「砂漠の師父」は、「なぜ悪霊が人間を攻撃してくるのか」と問う弟子に対して、いみじくも次のように喝破している。「われわれが自分の意志を行う以上、彼らがわれわれを攻撃するのではない。事実、われわれの意志が悪霊になるのである。つまり、意志を実現するためにわれわれを悩ますものは、われわれ自身の意志なのだ」（『砂漠の師父の言葉』、ポイメン・六七、二五三頁）。

（2）こうした把握については、シェリング『人間的自由の本質』に注目すべき表現が見られる。またこの点、キルケゴール『不安の概念』、M・ブーバー『善と悪』なども参照。

（3）E. Zum Brunn, *Le dilemme de L'Être et du néant chez Saint Augustin*, Grüner, 1984, p. 50; p. 56. そこでは、魂が自らの働きによって「より大、より小に存在する」ということこそ、「アウグスティヌスの形而上学的直観の中心を為すもの」と言われている。

（4）「自由な意志・択び（プロアイレシス）」と「主体・自己の存在様式」との密接な連関（存在論的ダイナミズムとも呼ぶべきこと）は、とりわけニュッサのグレゴリオスが、アウグスティヌスにも増して中心の主題として探究するところであった。（これについては、第二部第三章にて扱う。）

第七章　神の似像の再形成

（１）今日の生物学によれば、「生きる」とは、「細胞などの諸要素が生成消滅しつつ、全体として動的秩序が成立していること」と定義されよう。ただ人間的生にあっては、「記憶し、知り、愛する（意志する）」という三位一体的な働きによって、動物以下の生命体における動的秩序ないし一性よりも、遙かに高次の一性が成立している。だが、「何であれ要素に還元して、それらから全体を見る」という大方の自然科学的探究方式は、「一性の成立」の謎を多分に覆い隠す傾きを持っている。それに対してアウグスティヌスは、後に述べるように人間精神の三一性を「神の三位一体の似像」と捉え、われわれが真に「一性」、「不死性」に与りゆく道を見つめているのである。

（２）こうした還帰・転回の文脈については、『創世記逐語註解』第一巻および第四巻などに詳しい。

（３）「協働」という微妙な事態については、後にニュッサのグレゴリオスと証聖者マクシモスとの文脈に即して論じる。（第二部第三章および第五章参照。）

（４）「同苦」、「全一なるもの」（キリストのからだ）についての稀有な考察として、谷寿美『ソロヴィヨフの哲学――ロシアの精神風土をめぐって――』（理想社、一九九〇年）の第五、六章を参照。

第二部　東方・ギリシア教父――ニュッサのグレゴリオスと証聖者マクシモス――

第一章　愛の傷手

（１）こうした「ウーシアとエネルゲイアとの峻別」は、東方教父、ビザンティンの思想伝統においてその後永く共通の思想財となる。それは、「神的エネルゲイアの経験から、その根拠（神）へ」という探究を基調とする。

（２）すでに触れたように、「神」という言葉すら無限なるものを指し示す「エネルゲイアの名」だということは、さまざまな宗教・哲学的伝統に通底する「探究と対話の場」を開くものとなりえよう。

（３）この点は、「ロゴス・キリストの受肉（神人性）」が語り出される機微に関わる。そのことについては、後に最終章にて詳しく吟味される。

（４）ちなみにかのアントニオスは、「どこに行こうとも、そなたの眼の前につねに神を思い浮かべるがよい。……人間の偉大なわざとは、神の前で自分の過ちを凝視し、最後の息を引き取るまで試練（誘惑）を覚悟していることである」と言う（『砂漠の師父の言葉』、アントニオス・三、四、六頁）。

第二章　神名の啓示と自己超越

（1）ニュッサのグレゴリオスは、アレクサンドリアのクレメンスやオリゲネスのアレクサンドリア学派の聖書釈義の伝統を継承し、観想を旨とした霊的解釈をゆたかに開花させた。（他方アンティオキア学派の伝統は、より字義的な解釈を重視するものであった。）

（2）このことのさらなる解明として、宮本久雄『愛の言語の誕生――ニュッサのグレゴリオスの『雅歌講話』を手がかりに――』（新世社、二〇〇四年）、および同『存在の季節――ハヤトロギア（ヘブライ的存在論）の誕生――』（知泉書館、二〇〇二年）を参照。

（3）擬ディオニュシオス・アレオパギテースは神秘哲学の元祖の一人であるが、『神秘神学』（今義博訳、『中世思想原典集成』3、後期ギリシア神父・ビザンティン思想所収、平凡社、一九九四年）において、恐らくニュッサのグレゴリオスのこうした文脈を継承し、無限なる存在（神）への道行きを否定と超出を介して簡潔に語り出している。

（4）このことは、先に言及したアンセルムス『プロスロギオン』での「神の存在証明」とも、内的に呼応している。なぜなら、「それよりも大なるものが思惟されえないような何か」という神の定義は、比較級、否定、可能の三つから成るが、それによって間接的に指し示される神は、人間的思惟の直接の対象ではなく、かえってその限界・限度を絶えず突破し超出する何ものかであるからである。この点、K・リーゼンフーバー前掲書参照。

第三章　自由と善

（1）この大きな問題射程についての解明として、今道友信「自由と美と神秘の聯関について――ニュッサのグレゴリオスの美學――」（『美術史研究叢書』第二輯、一九七一年、九―四二頁）を参照。

（2）こうした把握の根底には、使徒たちに典型的に窺われるような「イエス・キリストとの出会い」、つまり「神的エネルゲイアの経験」が存しよう。

（3）つねに現存し働く神に、「あるとき」人間が応答して働く。神における働きの変化を神を主語として語るとき、それは実は、われわれの側の働きと変容（経験）を言い表わしているのだ。アウグスティヌスも、「神が働くと言われるのは、われわれのうちで神が働くことによって、何であれわれわれが為すに至ることだ」（『創世紀逐語註解』四巻八章一六節）としている。

（4）このことについては、後に第七章において、改めて主題として吟味・探究される。

第四章　情念、罪、そして自己変容

（1）　さまざまな情念（快楽、苦痛、欲望、恐怖など）は、人間の自然・本性（ピュシス）にはじめから帰属しているのではなくて、自然・本性とその根拠たる神とに対する意志的背反（罪）によって生起してくるという。この点、『神学と受肉の摂理とについて』III・六五―六六、VI・三三―三五（『フィロカリア――東方キリスト教霊性の精華――』III所収、谷隆一郎訳、新世社、二〇〇六年）など参照。

（2）　このことについて時間論をもとにした詳しい考察が、アウグスティヌス『神の国』一三巻九―一一章に見られる。

（3）　これら一連の出来事については、とりわけニュッサのグレゴリオス『モーセの生涯』（谷隆一郎訳、『キリスト教神秘主義著作集』1所収、教文館、一九九二年）において、透徹した霊的象徴的解釈が示されている。

（4）　なお、「金の子牛」のテキストに対する旧約学からの洞察として、関根清三『旧約聖書と哲学――現代の問いのなかの一神教――』（岩波書店、二〇〇八年）が注目される。

（5）　このことはむろん、現代のわれわれにとっても無縁ではない。すでに言及したように、自然科学とグノーシス主義は、ある意味で根を同じうしているからである。ちなみにJ・メイエンドルフによれば、自然科学的知というものは、無限性に開かれた自然・本性（ピュシス）のダイナミズムを離れており、創造の究極の意味（志向するところ）を無視している点、やや危険な傾きを含んでいる。J. Meyendorff, *Byzantine Theology, Historical Trends and Doctrinal Themes*, Fordham University Press, 1974, pp. 133-134.（『ビザンティン神学――歴史的傾向と教理的主題――』、鈴木浩訳、新教出版社、二〇〇九年）

（6）　一般に「質料世界の変容」（創造の継続）という事柄について、『ロシアの宇宙精神』（S・G・セミョーノヴァ／A・G・ガーチェヴァ編著、西中村浩訳、せりか書房、一九九七年）のソロヴィヨフとブルガーコフの論考、また、「より高次の精神エネルギーへの昇華（変容）」について、H・ベルジャーエフ『人間の運命――逆説的倫理学の試み――』（『ベルジャーエフ著作集』3所収、野口啓祐訳、白水社、一九六六年）参照。なお、身体（肉体）の変容と霊の次元との交わりについての洞察として、大森正樹『エネルゲイアと光の神学――グレゴリオス・パラマス研究――』（創文社、二〇〇〇年）の、とくに第二部第三章を参照。

第五章　人間本性の開花・成就への道――「神と人間との協働」と「信」――

（1）　ここに「われわれ」とあるのは、一般に神の尊厳複数を示すと看做される。教父の伝統にあっては、神的働きの現存（同時性）ということへの洞察にもとづいて、「父、子、聖霊」の三位一体がすでに含意されていると解されている。

(2) このことに関する証聖者マクシモスの考察としては、『神学と受肉の摂理とについて』II・一三、II・五六、II・六三―七〇など。

(3) パウロのその言葉についての精緻な考察として、水垣渉『宗教的探究の問題――古代キリスト教思想序説――』(創文社、一九八四年)第十章「はたらきを働く神」がある。

(4) 霊(プネウマ)ないし神的エネルゲイアは、われわれのうちで自由・意志を新たに形成しつつ、善の顕現へと働かせるという。『タラッシオスに宛てて』(PG九〇、二八一B)。そして、「神はわれわれの善きわざを通して自らを顕現させ、自らの住まう聖なる神殿としてわれわれを建てる」(『神学と受肉の摂理とについて』V・七八)と言われている。

(5) なお、このことに呼応するものとして、宮本久雄『愛の言語の誕生』(前掲書)は、「アレゴリー解釈と帰属の類比」についてハヤトロギア(ヘブライ的動的存在論)という観点から論究している。

第六章　愛による統合と他者――全一的交わりのかたち――

(1) 被造的なものの多様な姿が保たれつつ全体としての結合・一性が成立するところに、存在の秩序とゆたかさが現出する。そしてそれは、宇宙的典礼において表出されるという。A. Louth, *Maximus the Confessor*, Routhledge, 1966 参照。なお、本書では扱いえなかったが、マクシモスは『神秘への参入(奉神礼の奥義入門)』という作品において、広義のエクレシア(教会、全一的交わり)と典礼(奉神礼)との象徴的意味を諄々と説き明かしている。これについては、拙著『人間と宇宙的神化――証聖者マクシモスにおける自然・本性のダイナミズムをめぐって――』(知泉書館、二〇〇九年)の第八章参照。

(2) そうした「愛による統合」こそが修道(神への道)の目的であって、必ずしも人間離れした超自然的な徳の獲得が目的ではなく、そこには神化へと開かれた「自然・本性(ピュシス)のダイナミズム」が漲っている。この点、J. Meyendorff, *Christ in Eastern Christian Thought*, St. Vladimir's Seminary Press, 1975, pp. 149-151.(J・メイエンドルフ『東方キリスト教思想におけるキリスト』、小高毅訳、教文館、一九五五年)。なお、「愛することの完成態」のうちに貴方なる神との関わりにおける動性を語り出したものとして、鶴岡賀雄『十字架のヨハネ研究』(創文社、二〇〇〇年)を参照。

(3) 神的エネルゲイアないしプネウマ(霊)の受容は、人間的意志の変容と神化(神的生命への与り)をもたらすという(『タラッシオスに宛てて』PG九〇、二八〇CD)。なお、「結合・一性の力」としての霊の働きについては、さらに『神学と受肉の摂理とについて』III・七一―七三、III・九六など。

(4) A・J・ヘッシェル『人間を探し求める神――ユダヤ教の哲学――』(森泉弘次訳、教文館、一九九八年)第四一―四四章など参照。

（5）『砂漠の師父の言葉』に見る古の修道者の言葉と生は、このことを如実に証ししていると思われる。

（6）これは、世阿弥の能楽論『花鏡』中の言葉である。「幽玄」は、客体的なものとしてあるというよりは、むしろ「少な少なと悪しき事の去る」ような、否定を介した絶えざる生成としてその都度現出し、そこに「万能を一心にてつなぐ感力」が存するとされている点、一脈通じるものがあろう（『日本古典文学大系』65所収、岩波書店、一九六一年、四二六―四二八頁など）。

（7）こうした文脈における受苦と同苦、そして「人はすべての人に対して、すべてのことに対して罪がある」ということについては、やはりドストエフスキイ『カラマーゾフの兄弟』中の「ロシアの僧侶」の章が深く呼応している。なお、谷寿美『ソロヴィヨフの哲学』（前掲書）参照。

（8）この点、E・レヴィナス『他性と超越』（合田正人、松丸和弘訳、法政大学出版局、二〇〇一年）も参考になる。

第七章　受肉と神化――うちなるキリストの発見――

（1）*Enchiridion Symbolorum, Definitionum et Declarationum de Rebus Fidei et Morum*, H. Denzinger, Editio xxxVI, Herder, Romae, 1976, 125–126, Symbolum, 19, Iun. 325.（『カトリック教会文書資料集――信経および信仰と道徳に関する定義集――』、H・デンツィンガー編、A・ジンマーマン監修、浜寛五郎訳、エンデルレ書店、一九九二年）

（2）アタナシオスの文脈での受肉と救済との根本的関わり」について、泉治典「アタナシオスにおける受肉と救済」（『中世における知と超越――思索の原典をたずねて――』、創文社、一九九二年、三―二一頁）参照。

（3）*Enchiridion Symbolorum*, op. cit., 300–303; Actio V, 22, Oct. 451: Symbolum Chalcedonense.

（4）結合・混合のあらゆる様式（型）を古代ギリシア以来の諸伝統との対比によって精査し、「キリスト教的存在概念の成就」としてヒュポスタシスを意味づけたものとして、坂口ふみ『〈個〉の誕生――キリスト教教理をつくった人びと――』（岩波書店、一九九六年）がある。

（5）この点についての論考として、荻野弘之「〈生まれる〉ことの文法――ナジアンゾスのグレゴリオス『神学講話』第三をめぐって――」（『エイコーン』第六号、新世社、一九九一年）参照。

（6）メイエンドルフの言うように、ウーシア（実体）、ピュシス（自然・本性）、そしてヒュポスタシスといった言葉は、古代ギリシア的伝統に比して新しい意味構造のもとに変容・展開せしめられた。（それゆえ、教父、ビザンティンの伝統を「キリスト教のヘレニズム化」、「東方のプラトニズム」などと見るのは避けるべきだという。）J. Meyendorff, *Byzantine Theology*, pp. 24–25;

pp. 36–37（『ビザンティン神学』）（前掲書）。なお、東方教父、ビザンティンの思想伝統の根本把握として、右の書のほか、とくに V. Lossky, *Théologie mystique de l'Église d'Orient*, Aubier, 1944（*The Mystical Theology of the Eastern Church*, St. Vladimir's Seminary Press, 1976）（V・ロースキィ『キリスト教東方の神秘思想』、宮本久雄訳、勁草書房、一九八六年）参照。

（7）単意説論者たちは、「杯の拒否」と見える言葉が、「十字架の死」に関する神の意志（摂理）を拒むもの、罪を孕むものだとして、そうした人間的意志をキリストから排除した。その結果彼らは、神の子の受肉、死、復活という事態に秘められた神秘から眼を逸らすことになったのである。

（8）なお後世、トマス・アクィナスにおける「ペルソナ」、「受肉と神化」について、稲垣良典『神学的言語の研究』（創文社、二〇〇〇年）、また、神的ペルソナと結びつくべきものとしての人間について、田島照久『マイスター・エックハルト研究――思惟のトリアーデ構造 esse・creatio・generatio 論――』（創文社、一九九六年）を参照。

（9）エネルゲイア・プネウマの経験こそが、「父・子・聖霊という三位一体」の探究の端緒であり、プネウマが神的恵みとその与え手たる神を証示していることについて、J. Meyendorff, *Byzantine Theology*, pp. 93–94（『ビザンティン神学』）（前掲書）などが注目されよう。

（10）「使徒たちの根源的経験（新しい存在の経験）こそ」が、「復活者イエスへの信仰の母体」であることについては、E・スヒレベーク『イエス――一人の生ける者の物語――』２（宮本久雄、筒井賢治訳、新世社、一九九四年）、一五二―一六九頁などに詳しく考察されている。

（11）バルタザールによれば、イエス・キリストはその存在自身が「信・信仰そのもの」であり、われわれの信の「範型」であるという。H. U. von Balthasar, *Sponsa of the Word, Fides Christi*, Ignatius Press, pp. 43–79.

（12）このことは、「秘蹟の現在」ということに通じるが、それはエックハルトの洞察するところであった。この点、とくに中山善樹『エックハルト研究序説』（創文社、一九九三年）参照。

（13）Maximus Confessor, *Mystagōgia*, PG 91, 713A–716A. なお、本章での主題のより詳しい吟味・探究として、前掲拙著『人間と宇宙的神化』第九章参照。

参考文献

本書で扱った主な原典とその翻訳、および若干の二次文献を挙げておく。

Augustinus, *Confessiones*, Declée de Brouwer, 1962.（アウグスティヌス『告白』、服部英次郎訳、岩波文庫、上、下、一九七六年。山田晶訳、『世界の名著』14、中央公論社、一九六八年）

ibid., *De Trinitate*, Declée de Brouwer, 1955.（同『三位一体論』、中沢宣夫訳、東京大学出版会、一九七五年。『三位一体』、泉治典訳、『アウグスティヌス著作集』28、教文館、二〇〇四年）

Gregorius Nyssenus, *De Vita Moysis*, Opera VII, Pars I, Leiden, 1964.（ニュッサのグレゴリオス『モーセの生涯』、谷隆一郎訳、『キリスト教神秘主義著作集』1所収、教文館、一九九二年）

ibid., *In Canticum Canticorum*, Opera IV, Leiden, 1960.（同『雅歌講話』、大森正樹、宮本久雄、谷隆一郎、篠崎栄、秋山学訳、新世社、一九九一年）

Maximus Cofessor, *Liber Ambiguorum*（*Ambigua*）（証聖者マクシモス『難問集』）、PG（Patrologia Graeca）, Tomus 91, J. P. Migne（ed.）, Brepols, 1860.

ibid., *De Caritate*（証聖者マクシモス『愛についての四百の断章』）、*Theologica et Oeconomica*（同『神学と受肉の摂理とについて』）。いずれも、ΦΙΛΟΚΑΛΙΑ (Philokalia), B', ΑΣΤΗΡ, ΑΘΗΝΑΙ, 1976. 前半の訳書『フィロカリア――東方キリスト教霊性の精華――』III（谷隆一郎訳、新世社、二〇〇六年）に収められている。

Apophtegmata Patrum, PG65, J. P. Migne（ed.）, Brepols, 1857.（『砂漠の師父の言葉――ミーニュ・ギリシア教父全集より――』、谷隆一郎、岩倉さやか訳、知泉書館、二〇〇四年）

『中世思想原典集成』（全二〇巻、上智大学中世思想研究所編訳・監修、平凡社、一九九二―二〇〇二年）

V. Lossky, *Théologie mystique de l'Église d'Orient*, Aubier, 1944.（V・ロースキイ『キリスト教東方の神秘思想』、宮本久雄訳、勁草書房、一九八六年）

J. Meyendorff, *Byzantine Theology, Historical Trends and Doctrinal Themes*, Fordham University Press, 1974.（J・メイエンドルフ『ビザンティ

ン神学――歴史的傾向と教理的主題――』、鈴木浩訳、新教出版社、二〇〇九年）
A. Louth, *The Origins of the Christian Mystical Tradition, From Plato to Denys*, Oxford, 1981.（A・ラウス『キリスト教神秘思想の源流――プラトンからディオニシオスまで――』、水落健治訳、教文館、一九八八年）
L. Thunberg, *Man and the Cosmos, The Vision of St. Maximus the Confessor*, St. Vladimir's Seminary Press, 1985.
有賀鐵太郎『キリスト教思想における存在論の問題』、創文社、一九八一年。

坂口ふみ『〈個〉の誕生――キリスト教教理をつくった人びと――』、岩波書店、一九九六年。

大森正樹『エネルゲイアと光の神学――グレゴリオス・パラマス研究――』、創文社、二〇〇〇年。

同『東方憧憬――キリスト教東方の精神を求めて――』、新世社、二〇〇〇年。

秋山学『教父と古典解釈――予型論の射程――』、創文社、二〇〇一年。

K・リーゼンフーバー『中世思想史』、村井則夫訳、平凡社、二〇〇三年。

宮本久雄『愛の言語の誕生――ニュッサのグレゴリオスの『雅歌講話』を手がかりに――』、新世社、二〇〇四年。

同『他者の原トポス――存在と他者をめぐるヘブライ・教父・中世の思索から――』、創文社、二〇〇〇年。

加藤信朗『アウグスティヌス《告白録》講義』、知泉書館、二〇〇六年。

今道友信『中世の哲学』、岩波書店、二〇一〇年。

谷隆一郎『アウグスティヌスの哲学――「神の似像」の探究――』、創文社、一九九四年。

同『東方教父における超越と自己――ニュッサのグレゴリオスを中心として――』、創文社、二〇〇〇年。

同『人間と宇宙的神化――証聖者マクシモスにおける自然・本性のダイナミズムをめぐって――』、知泉書館、二〇〇九年。

あとがき

本書は、「はしがき」にも記したように、キリスト教の古典たる教父の文脈に即して、人間と自然・本性、そして神などをめぐる基本的主題を吟味したものである。ただ、二世紀から八世紀中葉に及ぶその思想潮流を単に概観するのではなくて、西方・ラテン教父の代表者としてアウグスティヌスを、また東方・ギリシア教父の中期と後期の代表者としてそれぞれニュッサのグレゴリオスと証聖者マクシモスとを択んで、重点的な仕方で論述を進めた。

東方西方の教父の伝統は、たとえば東洋における大乗仏典成立の歴史にも比せられるべき大きな思想的源泉であり、われわれもまた、何よりもまず素朴に人として、絶えずそこに立ち帰っては心の糧を得てゆくことのできるような真の古典である。そこで本書においては、アウグスティヌスと東方教父の両者を視野に入れて、それぞれに特徴のある、しかも同根源的な探究の道筋をできるだけ浮彫にしてゆくよう努めた。

そこに取り上げたいずれの教父にあっても、「愛智（＝哲学）の営み」と「神への道行き」とは、根本では渾然と一体化している。つまり、「人間・自己の探究」と「根拠たる神の探究」とは、相呼応しつつ一つの謎・神秘に開かれていると考えられよう。ちなみにこの点、「神学と哲学」、「信と知」などの分離、そして諸科学の分化、独立といったことは、一四世紀の後期スコラ学および西欧近代以降に一般化した思想的枠組に伴うものである。ただそれは、必ずしも普遍妥当的なものではなく、むしろ自然把握・人間把握にある種の前提を持ち込み、いわば「超越に開かれた位相」をややもすれば分離させるような構図であったことが、やはり忘れられてはなるまい。

ところで、筆者は従来、アウグスティヌス、ニュッサのグレゴリオスそして証聖者マクシモスといった教父の胸を借りて（あるいは師事して）、それぞれについての著作を記してきたが、今回の拙著は、それらを今一度全面的に練り直し、簡潔に一つの書にまとめたものである。その際、学的なレベルは保持しつつ、やや一般の読者をも念頭において筆を進めた。その意図するところは、古の師父たちのすでに過ぎ去った思想を単に外側から眺めるということにではなくて、あくまで現代に生きる古典の言葉と知恵にともに与ってゆくということに存する、そして、教父たちの言葉に思いを潜めてゆくとき、そこに映じてくる透徹した生の姿は、たとえば空海、道元、世阿弥など、日本の思想と文芸における偉大な人々の姿とも、不思議に呼応するものが感じられるのだ。少なくとも、無限なるものの――それを神、大日如来、阿弥陀仏、太極そして自然など、いかなる名で呼ぼうとも――、今、ここに絶えず現存する働き・活動に感応し、その純粋な経験からして、どこまでも己れ自身を問い披きかつ超え出てゆくという一点に関しては、洋の東西を超えて深く通じるものがあると言えよう。

さて、一書を終えた今、若き日より縁あって出会い、筆者の拙い歩みの支えとなり力となった師友をはじめ、多くの方々を懐しく想起する。それらすべての方々の名を――今在る人も、すでに亡き人も含めて――深く胸に刻み、改めて心からの感謝を捧げたい。

なお最後になったが、この著作を企画し著わしてゆくに際して、古澤言太氏をはじめとして九州大学出版会に連なる方々から、さまざまにご配慮いただいた。またとりわけ、編集・出版の具体的な面では、尾石理恵さんの誠実な、一方ならぬ御尽力を賜った。ここに記して、厚く感謝申し上げたいと思う。

二〇一一年二月二一日

谷　隆一郎

ま行

や行

ら行

わ行

な行

は行

さ行

索　引

著者紹介

谷　隆一郎（たに　りゅういちろう）

1945年、岡山県生まれ、神戸に育つ。1969年、東京大学工学部卒業。1976年、東京大学大学院人文科学研究科博士課程修了。九州大学教授を経て、現在、九州大学名誉教授。博士（文学）。
〔著訳書〕『アウグスティヌスの哲学――「神の似像」の探究――』（創文社、1994年）。『東方教父における超越と自己――ニュッサのグレゴリオスを中心として――』（創文社、2000年）。『人間と宇宙的神化――証聖者マクシモスにおける自然・本性のダイナミズムをめぐって――』（知泉書館、2009年）。ニュッサのグレゴリオス『雅歌講話』（共訳、新世社、1991年）。同『モーセの生涯』（『キリスト教神秘主義著作集』1、教文館、1992年）。『砂漠の師父の言葉』（共訳、知泉書館、2004年）。アウグスティヌス『詩編注解（2）』（『アウグスティヌス著作集』18-II、共訳、教文館、2006年）。『フィロカリア』III（新世社、2006年）、『フィロカリア』IV（共訳、新世社、2010年）など。

アウグスティヌスと東方教父（とうほうきょうふ）
――キリスト教思想の源流に学ぶ――

2011年4月20日　初版発行
2013年4月20日　初版2刷発行

著者　谷　隆一郎
発行者　五十川　直　行
発行所　（財）九州大学出版会
〒812-0053　福岡市東区箱崎7-1-146
九州大学構内
電話　092-641-0515（直通）
振替　01710-6-3677
印刷・製本／大同印刷㈱

ISBN978-4-7985-0048-5